中华人民共和国是由56个民族组成的大家庭，塔塔尔族是这个大家庭中的一员。塔塔尔族的祖先是活动在中国北方草原的游牧民族。虽然，最早的塔塔尔一词出现在我国东北地区，其实塔塔尔当时是一个部落联盟，还未形成现代塔塔尔族。

国家出版基金项目

走近中国少数民族丛书

主　编/丹珠昂奔

塔塔尔族

Tata'erzu

卡米力·库尔马尤夫 著

辽宁民族出版社

图书在版编目（CIP）数据

塔塔尔族 / 卡米力·库尔马尤夫著. —沈阳：辽宁民族出版社，2014. 12（2020.5重印）
（走近中国少数民族丛书 / 丹珠昂奔主编）
ISBN 978-7-5497-0969-4

Ⅰ. ①塔… Ⅱ. ①卡… Ⅲ. ①塔塔尔族—民族历史—中国 ②塔塔尔族—民族文化—中国 Ⅳ. ①K284.2

中国版本图书馆CIP数据核字（2014）第310759号

走近中国少数民族丛书·塔塔尔族
ZOUJIN ZHONGGUO SHAOSHU MINZU CONGSHU · TATA'ERZU

丛书策划 / 李凤山

出版发行者：辽宁民族出版社
地　　址：沈阳市和平区十一纬路25号　邮编：110003
印 刷 者：晟德（天津）印刷有限公司
幅面尺寸：170mm×240mm
印　　张：9.5
字　　数：137千字
出版时间：2014年12月第1版
印刷时间：2020年5月第2次印刷
责任编辑：李凤山　吴昕阳
封面设计：杜　江
责任印制：杨　雪
责任校对：边京爱

标准书号：ISBN 978-7-5497-0969-4
定　　价：38.00元

网　址：www.lnmzcbs.com　邮购热线：024-23284335
淘宝网店：http：//lnmz2013.taobao.com
如有印装质量问题，请与出版社联系调换　联系电话：024-23284340

《走近中国少数民族丛书》作者名录

《蒙古族》 萨仁图娅（蒙古族）
《回族》 许宪隆（回族） 张龙（汉族）
《藏族》 丹珠昂奔（藏族）
《维吾尔族》 艾克拜尔·吾拉木（维吾尔族）
买力克·买买提（维吾尔族）
伊利迪尔（维吾尔族）
《苗族》 石莉芸（苗族） 李云兵（苗族）
《彝族》 陈国光（彝族）
《壮族》 黄佩华（壮族）
《布依族》 周国炎（布依族）
《朝鲜族》 黄有福（朝鲜族）
《满族》 于今（满族）
《侗族》 杨筑慧（侗族）
《瑶族》 玉时阶（壮族）
《白族》 董建中（白族）
《土家族》 罗中（土家族） 罗午（土家族）
《哈尼族》 朱志民（哈尼族） 李泽然（哈尼族）
《哈萨克族》 艾克拜尔·米吉提（哈萨克族）
伊拉达·拉音别克（哈萨克族）
《傣族》 赵瑛（傣族）
《黎族》 罗文雄（黎族）
《傈僳族》 鲁建彪（傈僳族） 欧光明（傈僳族）
《佤族》 郭锐（佤族）
《畲族》 钟亮（畲族）
《台湾少数民族》 林华（台湾少数民族）
《拉祜族》 苏翠薇（拉祜族）
《水族》 韦学纯（水族）
《东乡族》 马兆熙（东乡族） 马自祥（东乡族）
《纳西族》 白庚胜（纳西族） 孙淑玲（汉族）
白羲（纳西族）
《景颇族》 金黎燕（景颇族）
《柯尔克孜族》 阿地里·居玛吐尔地（柯尔克孜族）
《土族》 祁进玉（土族） 东永学（土族）
《达斡尔族》 毅松（达斡尔族）
《仫佬族》 黎学锐（仫佬族） 黎炼（仫佬族）
《羌族》 雍继荣（羌族） 罗吉华（羌族）
周发成（羌族）
《布朗族》 陶玉明（布朗族）
《撒拉族》 马成俊（撒拉族） 马建新（撒拉族）
《毛南族》 韩德明（汉族）
《仡佬族》 周小艺（仡佬族）
《锡伯族》 阿苏（锡伯族） 盛丰田（锡伯族）
何荣伟（锡伯族）
《阿昌族》 们发延（阿昌族） 张斯齐（蒙古族）
《普米族》 朱凌飞（汉族） 杨周明（普米族）
《塔吉克族》 西仁·库尔班（塔吉克族）
阿力木江·西仁（塔吉克族）
《怒族》 李月英（傈僳族） 张芮婕（傈僳族）
《乌孜别克族》 古丽巴努木·克拜吐里（维吾尔族）
《俄罗斯族》 乃珂热曼·依布拉音（塔吉克族）
《鄂温克族》 黄任远（汉族） 那晓波（鄂温克族）
《德昂族》 袁丽华（汉族） 王燕（汉族）
《保安族》 马少青（保安族）
《裕固族》 董瀟红（裕固族） 王政德（藏族）
《京族》 吕俊彪（汉族）
《塔塔尔族》 卡米力·库尔马尤夫（塔塔尔族）
《独龙族》 李金明（独龙族）
《鄂伦春族》 王为华（汉族）
《赫哲族》 黄任远（汉族）
《门巴族》 陈立明（汉族） 张媛（汉族）
《珞巴族》 陈立明（汉族） 李锦萍（汉族）
《基诺族》 朱映占（汉族）

总序

中国是一个统一的多民族国家。几千年来，有着悠久历史和灿烂文化的少数民族，与汉族一道，在中华大地上繁衍生息，共同开发着这块土地，建设、发展、捍卫着这个古老而伟大的国家。各民族都是兄弟，相互离不开，都是这个国家的主人。习近平总书记在第二次中央新疆工作座谈会上发表重要讲话，指出："要坚定不移坚持党的民族政策、坚持民族区域自治制度。民族团结是各族人民的生命线。要高举各民族大团结的旗帜，在各民族中牢固树立国家意识、公民意识、中华民族共同体意识，最大限度团结依靠各族群众，使每个民族、每个公民都为实现中华民族伟大复兴的中国梦贡献力量，共享祖国繁荣发展的成果。各民族要相互了解、相互尊重、相互包容、相互欣赏、相互学习、相互帮助，像石榴籽那样紧紧抱在一起。""要在各族群众中牢固树立正确的祖国观、民族观，弘扬社会主义核心价值体系和社会主义核心价值观，增强各族群众对伟大祖国的认同、对中华民族的认同、对中华文化的认同、对中国特色社会主义道路的认同。"因此，坚持平等、团结、互助、和谐的社会主义民族关系，不断增进了解，深化友谊，建立牢不可破的感情基础，是中国社会转型期、改革攻坚期、矛盾多发期保持社会稳定、发展的基本要求，也是实现中华民族伟大复兴的中国梦的基本要求。

为了进一步宣传我国少数民族的历史文化和民族风情，增强对少数民族的认识，宣传党的民族政策和方针，加深对党的民族政策的理解，加强各民族之间的了解与沟通，让读者了解少数民族，中华人民共和国国家民族事务委员会文化宣传司和辽宁民族出版社共同组织了《走近中国少数民族丛书》。

《走近中国少数民族丛书》的编写有以下三个特点：第一，采用图文并茂的形式、鲜活生动的语言、特色浓郁的图片与丰富的民族常识链接，向读者展示我国55个少数民族的历史渊源、民族变迁、社会生活、文化艺术、风俗习惯、历史人物和民族区域自治政策的伟大实践。第二，作者多为本民族的专家学者和与民族研究工作相关的专家学者，对自己撰述的对象既有深厚的知识积累，也有真挚的情感。第三，内容彰显了历史与现实、民族文化与地域文化、民族区域自治地方与散杂居地区少数民族生产生活的多彩画卷和轨迹，引导读者走近少数民族，聆听他们的古老传说，感受他们的发展变化，加深彼此的沟通和了解。这套《走近中国少数民族丛书》是面向民族干部和各级干部通览我国少数民族概况的普及读本，也是图书馆的必备藏书。

《走近中国少数民族丛书》所揭示的每一个民族的历史，都承载着这个民族的文化，也承载着这个民族的发展和未来。中华大地孕育的55个少数民族多彩斑斓的民族文化，同汉族文化一道从远古走到今天，汇入了中华文化壮阔的历史长河。“共同团结奋斗，共同繁荣发展”，保护、传承和弘扬少数民族优秀文化，不仅是推动我国民族团结进步事业的重要内容，也是构建和谐社会、实现中华民族伟大复兴的中国梦的重要使命。期待通过《走近中国少数民族丛书》，使广大读者徜徉于少数民族多彩风情的同时，更加深刻地了解和认知中华民族多元一体的文化内涵，感受中华民族悠久历史的深远与厚重。

丹珠昂奔

2014年6月26日

前言

塔塔尔族 崇尚教育的民族

中华人民共和国是由56个民族组成的大家庭，塔塔尔族是这个大家庭中的一员，在长期的历史发展过程中，塔塔尔族同各民族人民一道，为中国社会主义建设事业做出了应有的贡献。

塔塔尔族的祖先是活动在中国北方草原的游牧民族，“塔塔尔”（鞑靼）一词最早以一个部落联盟出现在我国东北地区。1243年，拔都在伏尔加河畔建立了金帐汗国，生活在我国东北地区的塔塔尔部落也随术赤与他次子拔都西征的大军，来到了伏尔加河一带。对金帐汗国境内的各民族而言他们是“官方”民族，地方民族逐渐臣服于他们，并逐渐使用他们的部落名称“塔塔尔”一词，由此开始在伏尔加河流域逐渐形成了现代塔塔尔族。据史料记载，现代塔塔尔族是在13世纪以后，居住在伏尔加河、卡玛河、克里米亚半岛、钦察草原等地的保加尔人、钦察人（克普恰克人）和其他突厥部落以及跟随术赤、拔都大军来到伏尔加河畔的鞑靼人、一部分突厥化了的蒙古人相互融合的基础上逐渐形成的。因此，现居住在我国各地的塔塔尔族是跨境民族。

我们研究塔塔尔族的历史时，必须从古代生活在我国北方草原的鞑靼游牧民族开始，因为他们是“塔塔尔”一词的最早使用者，这是当代史学家所共认的。目前在世界范围内，塔塔尔人定居比较集中的国家和地区有俄罗斯联邦的鞑靼斯坦自治共和国、西西伯利亚、阿斯特拉罕以及克里米亚半岛，而部分散居在中亚、东欧各国和土耳其，也有少数塔塔尔人定居在德国、法国、阿尔巴尼亚、澳大利亚、美国、日本。

居于中国各地的现代塔塔尔人，最早在19世纪二三十年代开始从喀山、乌法、斜买、斋桑等地迁移到新疆。在同一时期，俄国封建领主加紧掠夺土地，一部分失去土地的塔塔尔人被迫出外流浪，其中有些人经过伏尔加河下游、西伯利亚、乌法、哈萨克斯坦等地来到中国新疆，现在居住在布尔津、哈巴河等地的塔塔尔族多半是这些人的后裔。中国的塔塔尔族主要散居在新疆维吾尔自治区境内，比较集中的城镇有乌鲁木齐、伊宁、塔城、奇台等。另外，阿勒泰、布尔津、青河、哈巴河、吉木萨尔等地的农牧区也有少数的塔塔尔族。我国新疆的塔塔尔族人口有6 541人。

在我国塔塔尔人当中，从事教育事业、医疗卫生、商业和手工业者比较多，也有一部分人从事农牧业。塔塔尔族信仰伊斯兰教，属逊尼派。塔塔尔族属于白种人，是突厥语族的民族之一。塔塔尔语属于阿勒泰语系突厥语族西匈语支克普恰克语组，有以阿拉伯字母为基础的文字。从20世纪初到50年代期间，中国塔塔尔人在哈尔滨、海拉尔、乌鲁木齐、伊宁、塔城等城市也建立过塔塔尔族学校，用本民族语言授课。后来，居住在哈尔滨、海拉尔等地的塔塔尔人，因各种原因，有的迁移到苏联，有的迁往日本、美国等地，如今在哈尔滨、海拉尔等地，基本上没有塔塔尔人居住，但当时他们在哈尔滨建造的塔塔尔清真寺，现在还在为当地穆斯林（回民）群众所使用。20世纪50年代后，由于新疆塔塔尔族人口的分散居住，其他语种学校规模的扩大，塔塔尔语学校逐渐被其他语种的学校所代替。由于与维吾尔、哈萨克等民族的杂居与语言接近的原因，这两个民族的语言、文字也逐渐成为塔塔尔族的日常用语和通用文字。现在，塔塔尔族儿童们直接进入到维吾尔语学校、哈萨克语学校，或者汉语学校完成学业。

塔塔尔族在突厥语诸民族中是文化传统较深、文学素养较高的民族。19世纪末，塔塔尔文学的奠基人、著名诗人阿布都拉·托凯在他的诗里，宣扬自由、解放的思想。阿布都拉·托凯的创作不仅奠定了塔塔尔近现代文学的基础，也影响了周边其他突厥语诸民族，如维吾尔、哈萨克、柯尔克孜、巴什基尔等民族的文学创作。在历史学方面，著名塔塔尔历史学家库尔班哈力·海力迪所著《东方全史》于1910年在喀山出版。

塔塔尔族能歌善舞，是一个酷爱说唱艺术的民族。塔塔尔族将说唱发展为“吉尔”，“吉尔”还分成各种各样的“葵”，“葵”就是各种不同歌曲的叫法，如《巴拉米斯肯》《萨尔曼布义》《哈子哈纳特》《阿斯勒-亚尔》《萨格努》《库子拉仍》等。会唱塔塔尔“吉尔”的人被称为“吉尔奇”，现在新疆各民族中有不少“吉尔奇”。在新疆，每逢婚嫁迎娶、喜庆集会，人们在唱本民族歌曲的同时，也要唱塔塔尔族的各种“吉尔”和跳塔塔尔舞。“吉尔奇”不但演唱传统的吉尔，还即兴演唱新的“吉尔”，使“吉尔”的内容不断充实、更新、发展。可以说，塔塔尔族说唱艺术已经成为新疆各民族文学艺术的瑰宝。

目录

巴克图口岸

第一章
族称与族源

塔塔尔族是一个具有悠久历史和灿烂文化的民族。在漫长的历史发展过程中，塔塔尔族同其他民族一样，也是由众多部族不断融合而形成的。

▲

塔城塔塔尔族

族称

塔塔尔族，是一个具有悠久历史和灿烂文化的民族。“塔塔尔”，是塔塔尔语“tatar”的汉语翻译名词。塔塔尔族的称谓是在1934年召开的新疆民众代表大会上确定的。

在1934年召开的新疆第一次民众代表大会上，以往的“鞑靼”“诺盖”等称谓被重新确定为“塔塔尔”。新中国成立后，依照本民族广大群众的意愿，“塔塔尔”一词成为中文书写的族别称谓。

伏尔加河 ▶

塔塔尔族，是中国古代北方游牧民族，最早驻牧于漠北腹地。552年，突厥部首领土门灭柔然，遂以漠北为中心建立了突厥汗国。

突厥汗国强盛时，木杆可汗统一漠北，“塔塔尔”是汗国中一个部落。突厥汗国的版图，东自辽水，西至里海，南起阿姆河，北抵贝加尔湖。在这辽阔疆域的伏尔加河流域的森林草原，分布着操突厥语的塔塔尔人。

“塔塔尔”，是塔塔尔族自称。最早见于732年所立古代突厥-卢尼文“阙特勤碑”和735年所立“毗伽可汗碑”。在“阙特勤碑”的汉文部分，称“塔塔尔”为“鞑靼”，这是“塔塔尔”一词最早的汉文名称。8世纪时，突厥人把东面的室韦诸部统称为“塔塔尔”。随之，在以后的汉文典籍中出现了将“鞑靼”和“室韦”这两个名称互通互用的现象。

▲

阙特勤碑

知识链接 史料记载，塔塔尔族在9世纪末建立了部落联盟。这个部落联盟包括了三十姓鞑靼、九姓鞑靼、翁吉剌、汪古、扎剌亦尔和蔑尔乞等部落。

辽朝建立后，部分塔塔尔部落归属于辽。塔塔尔部落联盟由此分裂，分为“白鞑靼”和“黑鞑靼”两部分。白鞑靼基本上是由三十姓鞑靼、九姓鞑靼、翁吉剌、汪古和扎剌亦尔等突厥部落组成；黑鞑靼则是由蒙古部落组成。鞑靼在历史上信仰萨满教、摩尼教和景教等宗教，使用突厥-卢尼文和回鹘文。鞑靼，尤其是白鞑靼深受中原文化的影响。

《民族词典》一书中，有关我国东北地区鞑靼部落的记载：

鞑靼亦作“达怛”“达旦”“达靼”“达达”“塔坦”“塔塔儿”等，中国古族名。唐中叶始见于史，称“三十姓鞑靼”“九姓鞑靼”。分布于突厥以东，契丹之北，为突厥统治下的部落。突厥衰亡后，一部分一度归服回鹘、黠戛斯……宋、辽、金时代，除鞑靼本部外，亦称漠北的蒙古部为黑鞑靼，漠南的汪古部为白鞑靼，森林狩猎部落为生鞑靼。“鞑靼”一名逐渐成为蒙古高原诸部的统称。

《蒙古族通史》一书中，有关汪古部的记载：

汪古部在《元史》中称为“白达达”，属于突厥语族，其首领阿剌兀思剔吉忽里，“系出沙陀雁门之后。远祖卜国，世为部长”。全部落共有四千户，信奉景教，自唐末迁居阴山附近。

《蒙古族简史》一书中这样描述：

塔塔儿在蒙古族兴起前夕是漠北著名的大部落，掌握着阔连海子（今呼伦湖）、捕鱼儿海子（今贝尔湖）地区最富饶的草原。它的历史比较悠久，唐代已见于突厥文的《阙特勤碑》，辽金之际，已是由许多部落组成的部落联盟。由于该部的强盛，其他许多部落都以塔塔儿人自称，塔塔儿一名已成为蒙古高原各部的泛称……塔塔儿与蒙古部之间一直处于敌对状态。

1206年，（蒙古）各部在斡难河畔举行大聚会，推举铁木真为全蒙古的大汗，号“成吉思汗”。从此，塔塔尔人臣服于蒙古汗国，成为成吉思汗子孙率领的西征军的重要组成部分，辗转至伏尔加河流域，并在那里定居。后又在长期的历史发展过程中，分布到世界各地。

族源

中华民族是由56个民族组成的大家庭，塔塔尔族是这个大家庭中的一员，在长期的历史发展过程中，塔塔尔族同各民族人民一道，为中国社会主义建设事业做出了应有的贡献。

塔塔尔族的祖先是活动在中国北方草原的游牧民族。虽然最早的“塔塔尔”一词出现在我国东北地区，其实“塔塔尔”当时是一个部落联盟，还未形成塔塔尔族。1243年，拔都在伏尔加河畔建立了金帐汗国，生活在我国东北地区的塔塔尔部落也随术赤与他次子拔都西征的大部队，来到了伏尔加河一带。对金帐汗国境内的各民族而言，他们是“官方”民族，地方民族逐渐臣服于他们，并逐渐使用他们的部落名称“塔塔尔”一词，由此开始在伏尔加河流域逐渐形成了塔塔尔族。

史料记载，塔塔尔族在13世纪以后，以居住在伏尔加河、卡玛河、克里米亚半岛、钦察草原等地的钦察人、保加尔人和其他突厥部落以及跟随术赤、拔都大军来到伏尔加河流域的鞑靼人、一部分突厥化了的蒙古人相互融合逐渐形成了

金帐汗国银币

塔塔尔族。

塔塔尔族属于白种人，是突厥语族的民族之一，塔塔尔语属于阿勒泰语系突厥语族西匈语支克普恰克语组。我国新疆的塔塔尔族人口有6 541人（2012年）。

塔城巴克图口岸

新疆维吾尔自治区塔塔尔族人口分布表（2012年）

地区	人数
乌鲁木齐	1 014
伊犁	2 796
塔城	482
阿勒泰	1 037
昌吉	913
克拉玛依	88
哈密	32
吐鲁番	5
博尔塔拉	19
巴音郭楞	2
阿克苏	9
克孜勒苏	29
喀什	93
和田	7
石河子	15

第二章
宗教信仰

塔塔尔族信仰伊斯兰教，自9世纪开始便保持着虔诚的宗教礼拜习俗。塔塔尔族迁入新疆时，先后在居住地修建了一些清真寺，并由本民族的宗教人士管理。塔塔尔族同一切伊斯兰教信徒一样，必须要按照规定进行宗教活动。

塔塔尔族在历史发展过程中，曾信仰过萨满教、景教，在信仰伊斯兰教之前，塔塔尔人中曾存在着自然崇拜、图腾崇拜的社会现象。

自然崇拜

人类历史上曾对自然界不理解，存在着既依赖又恐惧的心理。因而，产生了种种虚无的幻想，将自然看成同人一样，具有喜、怒、哀、乐的情绪，有感觉、意志和生命，从而产生了万物有灵的观念与原始宗教。

太阳、月亮的崇拜

太阳由于给人以光明和温暖，因而首先成为塔塔尔族与其他突厥语族普遍崇拜的对象。另外，月亮也同样成为他们崇拜的对象。在草原牧区，每当月亮初升，人们便面向月亮肃立，凝神、静心祷告，为自己、孩子及亲属祈福。对月亮崇拜，逐渐延伸为对生命价值与纯洁情感的深刻理解。

大自然给了塔塔尔人无尽的想象

火、光明的崇拜

在自然崇拜中占据重要地位。因为，在人类的原始生活中，火是不可缺少、不可战胜的自然力。火，一方面是熟食和取暖之源；另一方面是一种具有令人畏惧的超自然力，故被先民们崇为具有特殊力量的自然神灵。

图腾崇拜

古代塔塔尔人除了对自然界的崇拜，还对野生动物加以神化，并奉为图腾。在过去游牧、狩猎生活条件下，凶禽、猛兽的侵害对原始人是一种致命威胁，但他们对野兽始终处于依赖、敬畏、不对立抗争的矛盾状态之中，其结果是将一些动物奉为图腾加以崇拜。

“图腾”一词的语意，包含着动物的某个种类或自然物与人类某个民族之间的某种亲缘关系。《周书》《新唐书》之《突厥传》中，也可看到鞑靼人狼图腾的记载。他们将本部族“旗纛之上，施金狼头”，“牙门树金狼头纛，坐常东向”。认为只有狼的灵魂随于身，方能战胜敌人，故“盖求狼生，志不忘旧”。

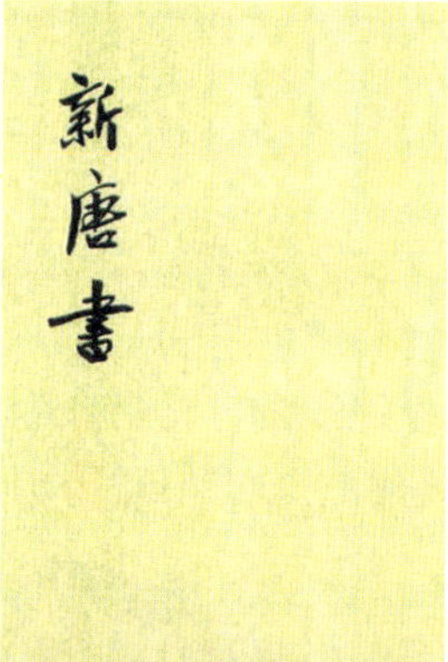

《新唐书》书影

1956年，国外考古学家在蒙古人民共和国发现一座突厥陵墓及雕刻图腾之石碑。日本学者护雅夫报告说，碑上雕刻呈现一只母狼及其腹下有一人，显然这是突厥祖先狼图腾传说的再现。另外，在突厥文献《乌古斯可汗的传说》中也有“突厥毗伽可汗碑铭吾父可汗之军有如狼，敌人有如羊”相对应的诗文：

我是你们的可汗，

你们拿起盾和弓箭随我征战。

《乌古斯可汗的传说》书影

让族标成我们的福兆，

让苍狼作为我们的战斗口号。

在乌古斯可汗武装征战生涯中，始终有一只苍狼为大军引路，它团结部众，激励斗志，崇尚勇猛，引导乌古斯大军打了一个又一个大胜仗。直至11世纪，突厥语族诸民族仍崇拜狼。据《突厥语大辞典》记载，当人们为新生儿贺喜时，不问“生男孩儿，还是女孩儿”，而习惯问“生的是狼，还是狐”。狼是男孩儿，狐是女孩儿。

《突厥语大辞典》书影

同样，在塔塔尔族历史中也传承着对狼图腾崇拜的痕迹。有一则著名的塔塔尔族动物故事中这样讲道：

过去，有3位兄弟。老大与老二因亵渎山之神白狼而被罚变为石头，老三因为尊敬崇拜白狼而获得幸福。故事生动地表现了塔塔尔族先民对狼的图腾崇拜与禁忌观念。

知识链接 狼的凶狠、残暴、坚韧、耐劳，以及强有力的进攻意识是生命力的表现。让生活在艰苦、险恶环境的塔塔尔族先民惊叹、钦佩与羡慕。他们为了生存，必须要以凶禽、猛兽的勇猛力量武装自身，而狼自然成为他们崇拜与仿效之物。

事实上，“苍狼”是突厥语族诸民族先民都曾信奉过的图腾。他们发现，狼这种动物的“社会构成”很像人，善于独居，也善于群体狩猎，而且狩猎时比人类更有协作精神和坚忍不拔的性格，对环境有很强的适应能力。所以，先民们就把苍狼当作了可以效仿崇拜的对象，并且子子孙孙沿袭下来。至今，塔塔尔族依然对狼心怀敬畏，对狼不出秽言，不去指狼影。塔塔尔族还有把狼踝骨戴在身上以治腰疼或回避妒忌的目光和毒言伤害的习俗。

狼

图腾崇拜是在自然崇拜的基础上发展起来的一种原始宗教形式，古代突厥语族的塔塔尔族先民将狼、马、天鹅等奉若神灵，并作为本民族的图腾进行崇拜，充分显示了他们的古朴、健康的审美意识与兴趣。

萨满教

在原始自然崇拜与图腾崇拜的基础上，许多民族产生了复杂的灵魂观念，出现了对本民族英雄人物以及祖先的崇拜，从而使多神崇拜有了进一步的发展。神的人格化导致了神的人形化，基于原始祭神的崇拜仪式日趋复杂化。

随着集原始宗教之大成萨满教的出现，专职祭司——萨满，应运而生。塔塔尔族随维吾尔语、哈萨克语称呼，将“萨满”称为“巴赫希”或“巴克西”。“萨满”一词，为满-通古斯语。萨满教认为“巴克西”能保佑人们平安生活，免除灾难，神通化身，为人、神之间的使者或代言者，上通天堂，下达地狱。萨满自称经过通神可使“精灵附体”，除能为人治疗疾病外，亦能占卜、预言、禳除邪祟、役使鬼魅等。

知识链接 突厥人的宗教观念：宇宙由若干层组成，上部17层，构成昊天，为光明之国；下部7层或9层，构成下界，黑暗之地也；二者之间为人类生存之地。

人类要直达昊天，须由其升入天堂祖先介绍。然而，并非所有人都能与祖先沟通，此种恩惠唯有萨满、巫师才能得到，因为他们是人与鬼神之间的中介人。

中国北方与亚洲北部诸游牧民族均信仰过萨满教，其祭拜仪式与教义大致相同，皆承认萨满神灵为唯一主宰。他们普遍崇拜日、月、山、河、五行之属，出帐房对日、月跪拜，并用木头、金属、布物等制作偶像，悬挂于帐壁，对其频频礼拜。

塔塔尔族与其他突厥语族的民族一样，历史上虔诚地信奉萨满教，认为只有巫师通过原始巫术才能架设天与地、神与人之间的桥梁。他们感知万物之灵，无论是山川、河流、自然生物和天地一切现象都各有专门的神灵掌握，人类只有借助于符咒、道术、祭祀、礼仪才能与神灵世界接触。鉴于上述原因，塔塔尔族先民对萨满、巫师十分敬仰与信赖，他们在牲畜遭灾或生病时总要请巫师来驱邪祛病。

《突厥语大辞典》中将“伊斯勒克”解释为“替孩子驱邪时所念的咒语”，同萨满、巫师有关。请“巴克西”用羊拐骨占卜，用41粒羊粪算命。每遇大旱时，人们聚集到一个山顶上宰羊煮肉求雨等习俗也和萨满有关。如今，塔塔尔族的生活已与萨满教并无多大关联，但其习俗中偶尔也有历史遗留的残存。

伊斯兰教

我国塔塔尔族信仰伊斯兰教，不崇拜任何偶像，故在清真寺和做礼拜的方向不挂、不竖任何人或神的画像。按教规，伊斯兰教徒要遵守五项功课（念、礼、斋、课、朝）。在做礼拜之前，必须要沐浴，分为“大净”和“小净”。

根据伊斯兰教的规定，礼拜的条件为：礼拜者的身体、衣服、礼拜场所必须清洁。礼拜者须根据伊斯兰教教法的规定穿戴衣服，以衣遮体，朝麦加方向祈祷念诵，须依次完成7项不同的动作。

朝拜

每逢星期五在清真寺进行“主麻”礼拜时，塔塔尔族成年男子多参加礼拜活动。较之

知识链接 “大净”，要沐浴全身。“小净”，洗手、脚、脸等部位。有水之地用水擦洗叫“水净”；无水之地，则以净土代净，即用双手在地面上拍一拍，摸摸脸，搓搓手即可。

“主麻”礼拜隆重的是“会礼”。穆斯林每年于肉孜节和古尔邦节举行此项节日“会礼”，在大清真寺，或在寺院广场进行。另外，穆斯林还有办“圣会”的习俗，以纪念穆罕默德。

大泉塔塔尔族乡清真寺

塔塔尔族不仅在念、礼、斋、课、朝五项功课中恪守伊斯兰教教规，在日常生活中的婚礼、割礼、丧葬等一系列活动中同样遵守伊斯兰教教规。

第三章
礼俗与禁忌

塔塔尔族是信仰伊斯兰教的民族。因此，在礼仪、习俗、禁忌等方面都严格遵照伊斯兰教教规执行。由于宗教信仰的缘故，很多传统礼俗得以留传至今。

塔塔尔族的民族风尚、习俗丰富多彩、绚丽多姿，具体反映在他们的婚姻、生育、待客、丧葬、服饰、饮食、禁忌、居住、文化教育、文娱活动、节日等方面，它是一定社会历史发展阶段的产物，是塔塔尔民族物质文化、精神文化传统的真实写照。

风俗习惯反映了一个民族的共同心理感情，它为整个民族大众所共有，在整个民族中广泛流行，并渗透在人民群众的日常生活中，具有广泛的群众性和深刻的社会性。

每逢看到穿着盛装、沉浸于节日欢乐的塔塔尔人，就会情不自禁地为之感染。塔塔尔族在长期与自然和社会环境的斗争中，培养出坚忍不拔、百折不挠的性格和豪放开朗的乐观气质。步入塔塔尔族斑斓多彩的民俗风情画廊中，尽情领略到的是塔塔尔人民的聪明、智慧以及感人的力量。

人生礼仪

塔塔尔族十分重视礼仪，而其礼仪的基础是良好的家风。塔塔尔族非常重视树立良好的家风，认为家风的好坏直接影响其家庭的兴衰，因为家风是每个家庭在传统延续下形成的一种习惯，它包括重视道德教育并遵守其公德，继承家谱，提高家庭成员实际生产、经营能力等。道德教育的范围较广，包括培养家庭成员之间的尊老爱幼、互敬互爱、勤劳、真诚、善良忠厚等优良品质。

见面行礼

人与人见面时彼此表示敬意的形式有很多，但首先要讲清谁先示意敬礼。骑马、乘车的人向走路或坐在地上的人先敬礼，行走的人向静坐或站着的人敬礼，人数少的一拨人向人数多的一拨人先敬礼，在任何情况下小辈先向长辈敬礼。塔塔尔族的敬老习俗源远流长，从古代延续至今，主要表现在行礼、让先、敬称、赡养等方面。

敬礼

在敬礼时，敬礼者说“阿斯撒拉姆艾莱库姆”，回礼者说“瓦艾莱库姆阿艾撒拉姆”（愿真主使你健康）。这些问候语来自阿拉伯语，是穆斯林通用的敬语。在敬礼的同时还将右手抚于自己胸前，对老人敬礼时要弯腰向老者敬意，以示心诚。对老者敬礼时，老者会拥抱并亲吻小辈的前额，并祝愿其健康成长。塔塔尔族平时除用上述阿拉伯语问候外，多半用塔塔尔语“伊散么斯哲”（您好吗），以示问候和致礼。

行礼

行礼的方式多种多样，可以行鞠躬礼，也可行握手礼，但对老人行握手礼时必须用双手。

知识链接

握手礼 一般在同辈人、同事、朋友之间盛行，但男女有别，平时如果女人不伸手示意握手，男人不能强行握手，否则被视为不礼貌，缺乏教养。

面礼 女人之间行礼一般彼此拥抱，行碰面礼。

让先

一种重要的礼仪，在任何场合遇到老人，都要将座位让老人先坐，行路让老人先行，进餐让老人先吃等。在公众场合，讲话也要请老人先讲，如果老人较多，则请其中一两位德高望重的长者讲就可以了。老人到家中做客，要请老人坐上座，塔塔尔语称为“图尔”（中央座位），这个位置可以说是老人的专座。如果在餐桌上就座，距离正门最远的座位是归老者的。还有一点，塔塔尔人就座礼仪较独特，座位的排列强调以年龄的大小为原则，从来不论职位的高低。不过也有例外，就是亲家享受破格的待遇，一般主人请亲家坐上座。塔塔尔人非常尊敬亲家，认为与之成为亲家是真主的安排。

塔塔尔人非常重视对其子女的家庭教育，其中很重要的是礼仪教育。首先教育子女尊敬长辈，要求正确地称呼祖辈、父母以及叔叔、姑姑、舅舅、姨姨等。平时小辈遇见长辈乃至不认识的老人都要对其行礼。吃饭时，要等长辈坐好，长辈先动手吃饭菜后，小辈才能开始用餐。教育子女饭前便后洗手，睡觉前洗手、洗脸、洗脚、刷牙。塔塔尔人有句俗语：“睡觉前刷的是自己的牙，早晨刷的是别人的牙。”吃饭可用手抓食，特别强调用右手拿食物，也可以用匙子等餐具，尽可能地不要剩饭。吃饭过程中，不能打饱嗝、咳嗽、摸头、抠指甲、大声讲话等。特别要爱惜粮食，不能乱扔，不踩粮食。如果在路上遇到被扔掉的面包或其他食物，要捡起来放到人踩不到的地方，以便狗、猫、鸟吃掉。如果路上遇到石头等绊脚的东西，要将其捡到路边，以便利他人行走。

晚辈不能与长辈顶嘴，不能打断别人的话，特别是长辈的话，不打人、骂人，在此应指出的是塔塔尔语中没有粗野和恶毒的用来侮辱人的脏话，也没有咒骂类词汇。

敬称

遇到老人和长者，见面打招呼时应用的称呼，一般用“斯孜”（您）。在老人或长者名字后面加上一些专用称呼，也是一种敬称。如老人是男性要冠以“巴巴依”（老爷爷）、“阿布则义”（大叔）或“阿比”（大哥）等尊称；如老人是女性则冠以“阿帕依”“阿帕”“台铁”等。

塔塔尔族非常重视对老人的赡养，家庭成员对老年人精心照顾，细心护理。只要家庭里有老人，即使在农牧区，也会给老人单独立一张床，四周用帐幔遮住，而其他人则在通铺上就寝。这样做就是为了给老年人尽可能营造一个舒适的休息环境。

塔塔尔人家只要来了客人，都要热情接待并安排就座，即使客人不是老人，客人也会享受到和老人一样的待遇。如果来的客人较多，则要根据年龄、性别等差别而安排他们在不同的位置就座。

塔塔尔族对少年儿童十分爱护，非常关心儿童的成长，尽量为他们创造和提供学习的条件和机会，很少打骂和体罚孩子。小孩子在大人面前也十分听话、顺从，很少有顶嘴、吵架的事情发生。另外，他们对孩子的要求也较宽松，不会给孩子定一个非要达到不可的目标，孩子一般都有一个比较宽松的成长环境。

塔塔尔族比较注重长幼有序、男女有别的伦理道德规范，要求在长辈面前不得失礼，就是在平辈中，也十分注重长幼男女的区别。小辈在长辈面前不抽烟，就是平辈的兄弟，弟弟在哥哥面前也不能抽烟。

塔塔尔人从小就养成良好的行为习惯，视其为家庭家风的主要标准之一。他们视小偷小摸为奇耻大辱，从不乱拿别人的东西，将打架斗殴等不良行为也视为丑行，如果有这方面的丑行则会遭到众人的谴责。塔塔尔族在良好、淳朴的民风沐浴下性情一般都很平和。父母经常教育孩子要诚实守信，自己说过的话就要做到，许诺以后要信守诺言，更不要去偷、去抢。他们认为偷盗是最不道德的，只有最没出息、最卑贱的人才会去干这种事。塔塔尔族非常看重自己及家人的名声。

散居在新疆各地的塔塔尔人十分重视本民族的文化教育事业，兴建了大批的小学，在个别地区，塔塔尔人还建立了自己的中学，除招收塔塔尔族子弟外，还为其他兄弟民族的子女上学创造了条件。塔塔尔族教育的普及和发展，对兄弟民族的教育也产生了很大影响。

传统的塔塔尔族家庭注重对子女的教育，教育男孩儿要忠厚老实、尊敬长辈、勤劳俭朴，学好农牧业生产本领，学习文化知识，不调戏妇女；教育女孩儿要学会挤奶、照顾弟妹，学会做家务、缝纫刺绣，出嫁后尊敬公婆，尊重丈夫，遇见陌生男人不抬头，不和男人搭讪。

生育习俗

塔塔尔族认为多子多福，“生男生女一样，都是真主所赐”。所以，轻视女孩子的行为会受到公众的指责。

女子怀孕认为是件大喜事。一般3个月之后才被认可，同时给予孕妇

塔塔尔族女孩儿

▲

快乐的塔塔尔族女孩儿

特殊照顾，改善其饮食结构，多吃一些营养丰富的食品。忌食兔肉，忌看兔子，认为那样生育的子女会有裂唇。忌食骆驼肉，认为食驼肉会使孕期拖长，出现难产。忌重体力劳动，以防流产。这些方面婆婆须时刻关照儿媳，也提醒自己的儿子。

提倡孕妇多活动、多走路、多做轻体力劳动，如洗衣服、擦洗地板等，认为这些活动有助于孕妇顺利分娩。不提倡孕妇多躺、多睡。塔塔尔族忌打听孕妇的预产期，认为预产期让别人知道了孕妇会难产。

塔塔尔族认为婴儿的诞生也是件大喜事。一般情况下，产妇在男方家分娩，不回娘家分娩。产妇分娩后，男方必须尽快把喜讯传告给亲家，并进行庆贺。报喜人一般都会得到厚礼。

命名

婴儿出生后的7天内要给其取名。取名由其祖父或阿訇、毛拉依照伊斯兰教教规念经取名。塔塔尔族取名要求顺口、响亮、押韵、简练。

知识链接 **名字来源可分几种**

1. 以《古兰经》里圣人的名字命名，如男性名称有：穆罕穆德、塔勒哈提、穆斯塔法、马吉提、马力克、卡里穆；女性名称有：玛丽亚木、海迪恰、阿米娜、怕热依达、夏库热阿、娜迪亚。

2. 以自然界实物名称命名，如男性的名称有：亚库特（宝石）、亚新（雷电）、阿勒马斯（金刚石）；女性的名称有：茹扎（玫瑰）、古丽（花）。

3. 以新词汇命名，如男性名称有：伊里旦（名扬四海，人民的荣誉）、伊里都斯（人民之间友谊）；女性名称有：伊里苏亚尔（人民会喜爱）、依丽比卡（人民的首领）。

4. 以前辈的名字命名。

姓名

塔塔尔族的姓名由3个部分组成，即本人名、父名、家族的姓，如：卡米力·哈山·库尔马尤夫，其中“卡米力”是本人的名字，“哈山”是其父亲的名字，“库尔马尤夫”是其家族的姓。家族的姓是该家族用前六辈到八辈曾祖父的名字作为姓而沿用的。一般情况下只用本人的名字和姓，近几十年来，一些塔塔尔族不使用家族的姓，而使用维吾尔族、哈萨克人的姓名方式，把父名当作姓。目前，这一种情况有所盛行。

塔塔尔族认为家族的姓不仅是一个家族的标志，而且是在婚姻中防止近亲结婚的依据（同姓之间不能结婚），亦是在社会关系中理顺亲属关系的重要根据。持有同姓的人在各方面都会约束自己，不能给家族的名誉带来不好的影响。

摇篮礼

婴儿出生后的第7天，亲朋好友也要来祝贺，举行“摇篮礼”。外祖母要给孩子送摇床（吊篮床）、衣服、玩具等，公婆给儿媳送礼物，亲朋好友也要送一些礼物表示庆贺。一般要举行小型宴会。

塔塔尔歌曲中有为庆贺婴儿出生、举行“摇篮礼”时吟唱的民歌，如《摇篮歌》《迎宾歌》《游戏歌》。其中《摇篮歌》这样唱道：

我的小宝贝，你是我们的心肝，
我们都期望你快快长大。
白天你就像小羊羔又跑又跳，

现在已天黑你该睡觉。
晚上睡不好，白天会没有精神戏耍，
你看天上的星星也在睡觉。

院子里的狗、牛、羊也在休息，
他们等你明天再游戏。
我的宝贝会长大、会听话，
到时会背着书包上学长知识，
会成为懂事有礼貌的好孩子。
再到布哈拉寺院去学习，
成为毛拉，有学问的大人物，
回到家会受到人们的好评，
会成为教小孩的好老师。

这优美的歌曲，流露出母亲对孩子的情感，也倾诉了母亲望子成龙的期望。

洗浴礼

婴儿出生后的第40天，还要举行“洗浴礼”。这一天，从东、南、西、北4方取来水，给婴儿洗澡，祝福孩子健康生长。洗浴礼由婴儿的祖母、外祖母或年长的女性主持，并邀请亲戚、朋友和邻居们的小孩来参加。作为宾客的小孩儿要用小勺往已准备好的盆子里倒40勺水，每一个用勺倒水者都要说一句祝福语，待这40勺水集齐后，把它加在准备沐浴的水中。所以，洗浴礼也叫“40勺水礼”。塔塔尔族给婴儿洗澡时（特别是出生后的40天内），要用盐水泡其手、脚，其身体的其他部位也用盐水冲一冲。这样做是为了孩子将来皮肤好，不易感染。给婴儿用盐水冲洗身体的习惯一直延续至今。

婴儿一般用母乳喂养，特别是初乳一定要给婴儿喂饱。塔塔尔族特别重视母乳的作用，如果母亲没有奶水，经丈夫同意，想办法请奶妈喂。同一奶妈喂养的子女，长大后不许成亲。一般喂奶时间不应少于9个月。给孩子断奶时，由外祖母或其他亲戚将婴儿接到自己家喂养以便断奶，之后给孩子喂羊奶、粥等食物，保持其充分的营养。

婚姻习俗

在人类生活中，家庭的作用很重要。家庭是社会的细胞，它是以婚姻为基础，以血缘关系为纽带的社会基本组织形式。家庭关系是人与人之间的一个重要关系，也是一种最基本的社会伦理关系。

塔塔尔族新郎、新娘

现代塔塔尔族婚礼

在中国少数民族婚姻习俗中，塔塔尔族婚礼仪式具有明显的民族特点，许多民族的婚礼过程一般需要一天或两三天时间，而塔塔尔族的婚礼仪式从开始到把新娘接到新郎家最少需要3个月，多则一年的时间。塔塔尔族婚俗最具特色的是先把新郎“嫁”到新娘家，然后再把新娘“娶”回来的仪式。如果把塔塔尔族的整个婚礼仪式按顺序划分，可分为四个阶段：第一阶段为相识、恋爱和订婚仪式；第二阶段为按照伊斯兰教教规举办“尼卡仪式”（证婚仪式）；第三阶段为婚礼仪式，即新郎在新娘家定居，这个阶段少则3个月，多则持续一年时间；第四阶段为婚礼结束仪式，即新娘接到新郎家。

相识、恋爱和订婚仪式

旧时，塔塔尔族男女一般在20岁以后才结婚，并按伊斯兰教教规实行过一夫多妻制。随着时代的变迁和发展，如今的塔塔尔族实行一夫一妻制，不提倡子女早婚。

塔塔尔族
新郎、新娘

塔塔尔族较早地摆脱了封建世俗，形成了不干涉儿女婚姻，容许他们自由恋爱的良好习俗。因此，近代以来的塔塔尔族青年男女一直享有自由恋爱的权利。但在婚姻制度上也有一些禁忌，如同姓人不能结婚，同姓人如果坚持结婚，双方必须征得长辈们的同意和支持。新疆地区塔塔尔族虽然人口较少，居住也相对分散，但仍争取与本民族的人成婚。由于在新疆的塔塔尔族人口居住分散，青年男女双方互不相识时，一般通过介绍人的介绍为本民族的成婚创造条件。但现在因为塔塔尔族人口比较少，所以与其他兄弟民族成婚的比例也较高。

新郎、新娘接受亲友们的祝福

男女双方确定恋爱关系后，男方邀请一名最好的朋友向自己的父母转告。男方父母会马上通过熟人了解女方家庭情况，如认可女方，将派“亚吾奇”（媒人）到女方家求亲。媒人由男方亲戚或有威望的两三名老年女性组成，她们首先向女方介绍男方家庭情况，并挑明孩子们的恋爱事实。值得一提的是，媒人第一次

塔塔尔族婚礼宴席

上门时一般不要求女方家庭对婚事作出答复。第二次上门时，才请求女方家长接受男方的求亲。但按照习俗，女方家长不会给予明确答复。媒人在第三次上门时才给予明确答复，同意或不同意。

婚礼当天的礼品

男方家长在接到来自女方答复的好消息后，立刻举行向女方家长表达谢意和祝福的“库拉克绥云切”（喜闻礼）仪式。在“库拉克绥云切”仪式中，男方为姑娘送去一套从头到脚的新娘服饰，并给姑娘赠送订婚戒指，戒指要戴在姑娘的左手无名指上，即代表该姑娘已订婚。这些礼品由男方的母亲和媒人一起送到女方家，女方以一般礼节的规格接待。从送“库拉克绥云切”到举行“尼卡仪式”前，新郎、新娘不能再见面。

距婚礼一个月左右时，男方为女方赠送结婚礼仪箱，也就是举行“礼仪箱仪式”。由男方的母亲和媒人以及男方村里有威望的妇女参加，礼仪箱内的物品包括赠送给新娘的服饰和娘家亲戚的礼品。运送礼仪箱时，箱上应有儿童乘坐。礼仪箱送到女方家

婚礼中新郎所需的服装

开箱仪式撒的糖果和干果必须全部捡起

后，即可举行“开箱仪式”。

开箱仪式中，来自男方的一名年长妇女向参加“开箱仪式”的贵宾撒糖果和干果。按塔塔尔族的传统风俗，所撒食品必须一一捡起，不能有遗漏。在捡食品的过程中，男女老少的弯腰动作代表着相互鞠躬，以体现大家的团结。接着，年长妇女将礼仪箱内送给姑娘和娘家父母及亲戚的礼品一一向来宾展示和介绍，以征得女方的满意。女方收下礼仪箱后表达他们的谢意，并设宴招待所有男方来客。该宴会的重要议题是确定婚礼的具体举行日期，并从即日起双方开始进行婚礼的准备工作。

新郎、新娘双方开始邀请各自的亲朋好友举行“麦斯里海体恰伊”（商谈仪式），即以请客的方式确定操办婚礼各项事宜的具

婚礼前，男方给女方送的活牛、活羊

体负责人等。在举行婚礼前两天或三天，男方按照客人的人数，给女方送去婚宴中使用的物品——“饭菜礼”，其中必须有食盐、面粉及一头或几头活畜（羊、牛），活畜犄角上系红布。

知识链接 饭菜礼，由十七八岁的两三名男孩儿送到女方家，女方要送这些男孩儿一些礼品（手巾、毛巾等），并招待他们。

尼卡仪式

婚礼的第一天早晨，要在女方家举行由阿訇主持的“尼卡仪式”。新郎和伴郎以及新郎的好友在新郎父亲的陪伴下来到女方家参加“尼卡仪式”。如果新郎的父亲不在，将由新郎亲戚中一名年长者代替其父亲的角色出席“尼卡仪式”。男女双方一同参加“尼卡仪式”。男方参加“尼卡仪式”的人数一般由5~7人组

◀ 尼卡仪式

成，双方的总人数不得少于9人。从伊斯兰教教规来看，“尼卡仪式”是穆斯林青年男女成为夫妻的唯一标志，而所有参加该仪式者即成为“尼卡”的见证人。

主办“尼卡仪式”的阿訇由女方负责邀请，但由男方付给阿訇所需的费用。“尼卡仪式”中要为新郎、新娘准备一杯“夏而

伯特苏”（糖水、蜜水），以象征新郎、新娘今后的生活甜甜蜜蜜，白头到老。然后阿訇念经并以宗教的名义询问新郎、新娘是否愿意结为夫妻，得到肯定答复后，阿訇再次念经结束“尼卡仪式”。当“尼卡仪式”祷告结束的时刻，男伴郎和女伴娘争做一个善意的游戏，他们会争夺这杯“夏而伯特苏”，夺到手后尽快让新郎或新娘喝一口，喝到甜水的新郎或新娘被认为在未来的家庭事务中有较大的管理权限，这不仅是伴郎、伴娘对相伴者的美好愿望和祝福，也将展现伴郎、伴娘的智慧和机智。

在“尼卡仪式”的最后，新郎、新娘交换“尼卡盘子”，新郎送新娘的盘子里应有“尼卡裙”“尼卡内衣”“尼卡鞋”、新郎的照片（照片背面有新郎亲手写的祝愿语），还应有新郎缩写姓名以及结婚时间的“尼卡戒指”。女方也要赠送新郎同样的“尼卡盘子”。同时，双方互赠婚礼仪式中新郎、新娘和伴郎、伴娘要戴的花，新郎、新娘的花是红色，伴郎、伴娘的花是粉红色。

婚礼仪式

按照塔塔尔族的风俗习惯，婚礼仪式的所有操办过程在女方家进行。新郎要在女方家居住几个月甚至一年后，才把新娘接回男方家。婚礼开始的第1天早晨，男方派3辆马车到女方家，女方将这些马车用花束、彩带装饰好后，再送回男方家等候。这些马车要为婚事专门服务3天，双方都可以使用。

装扮一新的接亲马车

▲

婚宴前演唱塔塔尔族民歌《吉尔》

塔塔尔族的婚宴举行3天，第1天中午接待双方的男客人，第2天接待双方的女客人，第3天接待姑娘们。这3天的宴请都要在女方家举行。晚上新娘和姑娘们一起等待新郎的到来（婚礼开始的第一天起，新娘的伴娘和女友们一直轮流陪伴新娘，并为婚礼帮忙）。此时，新郎和朋友们乘坐装饰华丽的马车，唱着由手风琴伴奏的塔塔尔族民歌《吉尔》，载歌载舞来到女方家，女方为新郎以及所有男女青年举行婚宴。

在男方乘马车到达女方家的路上，女方关闭所有门窗，并在路上拉起绳子，设置障碍，阻止马车前行。当男方给他们赠送礼物后，他们的马车可继续前行，到达新娘家时，院落的大门又被姑娘们紧闭。经男方的小伙子们多次央求，并给手巾、头巾等礼品后方才开门，让他们见到新娘。在新郎到来之前，女方庭院里已经为新郎和他的朋友们准备了专门的招待食品，招待食品中必

知识链接 萨其马，是小块面团和糖黏合而成，象征大家的紧密团结；整只鹅是专门为新郎和新娘准备的，鹅的翅膀象征着新郎和新娘在婚后展翅高飞，享受美好的未来。鹅由新郎在第2天早晨亲自掌刀按习俗切割，在此新郎要表现自己的执刀艺术。

婚礼使用的食品——萨其马

须准备萨其马和整只烤鹅。当新郎和所有男青年们进入庭院后，婚礼主持者将萨其马切成小块，请所有男女青年享用。

宴请结束后，男女青年共同进行两三个小时的舞会，然后把新郎新娘交给两位已婚青年妇女（嫂子），然后告辞。两位妇女给新郎吃“库要皮里曼”（馄饨），馄饨要求制作精小，大小均匀，以象征他们多子多孙。然后两位妇女为新郎和新娘铺床并退出。

新郎的母亲事先通过伴郎转交给儿子一份“贞节礼”，一般为项链、镯子、手表等首饰。凡是有了儿子的母亲，在其儿子十五六岁时就要准备好这份礼物。塔塔尔族把“贞节礼”看得很重，如果新郎不能及时将这份礼亲手交给新娘，将被视为对新娘的侮辱，且会被人耻笑。

婚宴后，新郎吃的馄饨

知识链接 贞节礼表示新郎对新娘的忠诚，对新娘保护贞节的报答，同时也被视为信物。所以在婚礼习俗中这份礼的意义及地位极其重要。如果出现新郎因故没有送给新娘贞节礼，男方或女方都可以退还聘礼，提出离婚。

婚礼结束仪式

第4天早晨，双方嫂子、两名男方客人给新房送水，新婚夫妇沐浴后走出新房，这时双方的嫂子们收拾被褥。新郎在枕头下面要给嫂子们留下小礼品。嫂子们收拾完，拿到礼品之后各自给双方父母报喜。嫂子们去报喜时，新婚夫妇回到新房。

随后，就有新娘的弟弟、妹妹进来“看望姐夫”。这时新郎要赠送礼品，称“姐夫见面礼”。嫂子们回来之后，与新婚夫妇一起吃早茶。早茶时，新郎要用刀将昨天就放在女婿桌子上的烤鹅分割给嫂子们和新娘。嫂子们要评价新郎的刀法，分割烤鹅的程序是否准确、动作是否利索。

随后，新郎的朋友来拜见新郎、新娘。并于当天晚上举行“尾气儿”（成婚祝贺晚会），小伙子们应邀后才能前来参加，姑娘们可以自由参加。

成婚第5天早晨，新娘父母来拜访女婿和女儿。另外当天晚上由新郎、新娘宴请双方弟妹，应邀参加的还有新郎、新娘的好友。第6天早晨，伴郎和朋友们来到女方家把新郎接回男方家，新娘继续留在娘家。新郎回到自己家的几天后，其父母要到女方家看望儿媳。见面时，儿媳要亲吻公公、婆婆的手，公婆亲吻儿媳的面额，同时婆婆要亲手给儿媳赠送礼物，称之为“见面礼”。他们在亲家做客后，邀请女方全家到男方家做客。新娘也随同去做客，之后随父母返回娘家。在此后，新郎随时可以回新房与新娘同居并与岳父母一起吃饭，称为“客人女婿”。以后亲家间经常互相请客来往。

几个月之后（一般在6个月左右），男方派人再次登门，表示要把新娘接回男方家中，经双方商议选定好日期，女方家举行小

和面、擀面技艺

型宴会后，男方将新娘接回家。女方将新房的家具、餐具等全部带到男方家。在新娘来到男方家时，男方也要举行小范围的庆祝仪式，迎接新娘的到来。晚上，男方家人聚集在一起观看新媳妇和面、擀面技艺。

从当天开始，新娘改姓为丈夫家族的姓，这一点也同其他民族有所区别。

丧葬习俗

塔塔尔族实行土葬，葬礼都按宗教习俗进行。塔塔尔人认为，人的生死是真主安排的，是真主让人来到世上，又是真主把人从世上带走。因此人离世是很正常的，不允许大哭大叫，认为这是对死者的不敬，也是对真主的不敬。一般只允许小声哭泣或默哀。

塔塔尔族的葬礼在民间有报丧、守灵、吊唁、洗身、送葬、下葬以及“乃孜尔”（祭奠仪式）等程序。

报丧

报丧，是指尽快用各种办法通知亲朋好友亡者的去世时间，在何时何地举行“吉纳扎”仪礼等事宜。人亡后，按教规净身。用纱带固定亡者下颚，洁布遮面，遗体安放在阴凉处的帐幔后，亡人面向西方。

守灵

塔塔尔族一般防止出现假死的情况和等待各地的亲朋好友能见上亡者最后一面，亡者遗体在家中要停放1~2天，这一点同维吾尔、乌孜别克等民族有所区别。原因可能是塔塔尔族基本上居住在北方，这里一般气温不高，同时因采用冰或将遗体停放在凉沙子布垫上等方法降温，遗体不会腐化。所以，遗体可在家中停放1~2天。停放期间遗体旁始终要有人守灵。

吊唁

前来吊唁的人要与遗体告别。在城镇，亡者葬前，在其家中不做饭，基本上由前来吊唁的人和邻居送饭；在牧区，亡人家宰牲畜，煮肉招待前来吊唁的人，这种饭叫“索尼格阿什”（最后的饭，即“亡者给亲朋好友的最后一顿饭”之意）。亲属要戴孝，男性要穿黑衣服，系黑腰带，戴黑色帽。女性穿一身黑衣服，戴黑头巾。塔塔尔人把戴孝称为“喀拉勒克图土”（守黑）。塔塔尔人要求戴孝的人数尽可能地少，认为其只是一个标志，是让别人能分辨亡者的直系亲属和亲家。

洗身

出葬的当天，亡者分男女净身。将尸体放在洗尸板上，男性亡者一般由清真寺的“麦僧”和几位年长的亲友为亡者净身，童男、童女均可以洗身。给亡者净身要由上至下、先右后左的顺序擦洗3遍。净洗完毕用净布将水轻轻拭干，整理好头发，亡者若是男性，还要整理其胡须。然后用白布做的“克番”（裹尸衣）裹身，男性裹3层，女性裹5层，并撒上香料。“克番”一般为白棉布，不可采用其他颜色和质地的布料。净身时其他人不得入内，阿訇要在净身的屋门前替亡者祈祷。之后，将尸体用毡子裹住放在“塔吾提”（灵床）上。

知识链接 塔吾提，是一种木质或铁质的架子，下面有4条腿，架子前后两边有伸出的把子，可由4人肩抬。塔吾提上面有三四道凸支架，供在上面罩布单之用。洗尸板和塔吾提只能作洗净尸体和抬尸体用，平时就存放在清真寺。

送葬

尸体放在“塔吾提”上，收拾完后，由亡者的男性亲友抬起“塔吾提”送至清真寺为其举行“吉纳扎”葬礼，女性则留在家里，不参加清真寺的“吉纳扎”仪式。将尸体抬进寺院后，亡者家人将钱和财物分给寺院里宗教人士和其他人。

葬礼仪式在清真寺举行。如果在牧区，仪式则在寺外举行。

参加者全体肃立默哀，由毛拉主持殡礼仪式。毛拉首先宣布亡者的姓名、年龄和其他情况，如果亡者有欠债务，请债主将有效证据拿来，将由其儿子还债。如果亡者生前因各种原因给别人带来过伤害，在感情上有所欠债，也请在场的人原谅，不记仇。亡者如果是女性，在吊唁期间，亡者家属给前来吊唁的女性，特别是邻居，都要发针和线，表示亡者在世上可能借了别人的针线，以此作为补偿。毛拉接着就提问："你们原谅、满意此人吗？"在场的人应大声回答："我原谅了，我满意。"这种仪式是为了使亡者还清在世时欠别人的物质、精神上的债，清白地离去而必须进行的程序之一。

接着毛拉再一次诵经祈祷，并介绍亡者的功德善事。之后，向众人发问："亡者是一个什么样的人？"大家齐声回答"好人""善良的人""祝他升入天堂"。最后，毛拉带领大家做"吉纳扎"。至此，清真寺的葬礼仪式结束。

知识链接 吉纳扎，塔塔尔族葬礼中主要的宗教仪式，也是世人对亡者最后的祈祷礼，要求庄严、肃穆、简朴。参加者必须大小净，并且绝对不能向亡者鞠躬。

下葬

尸体抬出门时，要先出脚、后出头，出门后则转变方向，头朝前行。"塔吾提"由4人来抬，其他人帮扶抬往墓地。穆斯林认为，抬送亡者可以消去自己的罪过，并可检点自己在世上的作为。

知识链接 在途中如遇送葬队伍，在条件许可的情况下应一起到墓地；如不能一同前往，则必须跟着送葬队伍走上7步后才能离去。抬送亡人要平稳庄重，快而不跑。

亡者如男性，灵床所盖的罩布单上要放置帽子。如是女性，则在其上放置头巾。"塔吾提"抬送至墓地时尸体头应朝前，因为人一生中，"出来时头先出，进去时脚先进"。

塔塔尔族土葬的墓穴大小一般深1.5~2米，呈长方形。在墓坑的一边挖一个洞，能容下亡者或两三个人即可。

遗体的下葬也有讲究。亡者的裹布在头部留布结，下葬时，抓着遗体裹布上的布结，使遗体顺着毡子往下滑，脚部先入墓洞，洞里人将遗体扶拉进洞里，遗体摆放要求头朝北、脚朝南、脸朝西。然后揭开裹在亡者头部的白布和系在两手和两脚大拇指的布条，要求亡者把脸露出来。接着，进入墓穴中的人退出，把洞门封住。这时，送葬的人每人抓一把土，帮忙的人拿着铁锨把这些土集中起来后，铺垫于封洞门的土坯之间，封住洞门。墓坑中的人出来后，亡者的长子开始往坑里填7锨土，之后其他儿子依次序填7锨土。之后，其余的人开始填墓坑。此时，毛拉率众人再做最后一次祈祷，葬礼便告结束。墓坑填埋后用土堆成椭圆形，接着在墓前立碑，碑上只写亡者的姓名及生卒年月。一般碑上不写家族的姓，只写亡者本人名和父亲名。

送葬仪式结束后众送葬者返回亡者的家，再次念经祷告，安慰亡者家属。送葬的第二天，亡者家人前往墓地念经做祷告，亡者家男性一般要戴孝服丧7天，女性40天，甚至一年。

乃孜尔

亡者过世后的第3天、第7天、第40天和周年祭日要举行"乃孜尔"，周年"乃孜尔"最为隆重。举办4次"乃孜尔"后，就可以不做了。当然，以后还要到墓前祭奠亡人。但这些都是自愿的。但上述4次"乃孜尔"是不能缺少的，是必须要做的。

知识链接 塔塔尔人过世后一般葬在当地穆斯林公墓。塔塔尔族较集中聚居的城镇以前有过塔塔尔公墓，伊宁市的塔塔尔公墓建于1830年前。1910年前后，由塔塔尔商会牵头，民众捐款购置了约53公顷土地，作为塔塔尔族永久性公墓。由于历史的变迁和市区建设，如今塔塔尔族公墓面积只剩约2公顷。伊宁市塔塔尔民众每年到公墓种花种树，整修围墙，并举行一些纪念活动。

据文献记载，塔塔尔族在我国东北各地也建过塔塔尔族公墓，并至今由当地穆斯林妥善管理和使用。

民间禁忌

饮食禁忌

塔塔尔族与信仰伊斯兰教的其他民族，因受宗教观念的影响而形成了“净洁的为相宜，污浊的受禁止”为原则的传统禁食习俗。

按穆斯林教规，主要禁忌如下：禁食猪、马、骡、驴、狗、蛇、火鸡、自死物、浮水鱼以及一切动物的血。禁食禽鸟、猛兽，如鹰、鹞、鸱、鹗、鹯、乌鸦、孔雀、鹤、鹧鸪、鸽、虎、狼、狮、豹、熊、象、鼠、猿猴等。

后来因多种原因，马被排除在禁食动物之外，但有些伊斯兰教派还是把马列为禁食动物之列，在古尔邦节（宰牲节），不能像宰杀牛、羊、骆驼一样宰马。

穆斯林禁止饮酒，因饮酒后会使人失去理智，酒醉时不能正常礼拜，是对“真主”的亵渎和不敬，故视饮酒为罪恶，是魔鬼行为。

这些禁食观念和规定的形成，除了地理条件和历史原因外，还主要取决于塔塔尔族对生命的理解与认识。

生活禁忌

包括塔塔尔族在内的信仰伊斯兰教的民族，世代沿袭禁忌观念和禁食习惯，不仅仅出自于宗教法规，还有其深厚的历史和社会原因。他们在特殊的自然环境与社会条件下，不断地用新的思想观念移风易俗，合理调整自身，日益丰富和完善本民族的民俗文化。在日常生活中，塔塔尔族的很多禁忌同信仰伊斯兰教的其他民族一样，忌在水渠、水池、泉等水源附近洗衣服，注意保持水源清洁。与人交谈和吃饭时，忌讳擤鼻涕、吐痰、打哈欠和放屁。忌与女性开玩笑和动手动脚，在众人面前忌光着上身，更忌穿背心、短裤到别人家里。不准在住房附近、水源旁边、清真寺、墓地周围大小便、吐痰和倒脏水。不能随手攀折植物和爬树及毁坏鸟蛋或鸟窝。

道德禁忌

塔塔尔族禁忌中还有一些教人向善、讲礼貌、守秩序的道德习俗，比如多以命令语讲述一些生活警言：“不要这样做”“不体面”“这样不礼貌”“脚不跷太高”“不玩火”“不搬弄是非”“夜里不剪指甲”“不要把手背在后面走路”“不用绳绑手脚玩”“不

把衣服披在身上”“不能糟蹋食物和食盐”等，警示他人，教育他人远离恶习，消除粗鲁行为，以此免遭灾祸，并要求人们应谦虚、礼貌、和睦相处。

还忌讳在暮色降临时躺下睡觉，认为此时是妖怪出来活动的时间。不能当着主人的面赞美孩子“胖”“聪明”“胃口好”或数点别人的牲畜，不要打主人的狗，更不能用木棍和脚踢打牲畜，特别是牲畜的头部。别人做“乃玛孜”时，不要从他的前面过。忌讳唉声叹气、长吁短叹，认为这样会带来不幸。给别人递刀子、剪刀时，刀尖不能对人，应将把手朝外。不能胡言乱语和背后议论别人的短处，不能讲亡者的坏话。

▲

塔城地区的塔塔尔族

第四章
多彩风情

塔塔尔族受宗教和地域影响，在衣、食、住、行等方面有着浓郁的民族特色，无不展示着一个拥有悠久历史和灿烂文化古老民族的风采。

塔塔尔族传统服饰

服饰

服饰作为人类物质文明与精神文明的结晶，是一个民族文化进步与审美情趣的重要标志。塔塔尔族作为一个热爱生活，追求美感的民族，在服装穿戴方面非常讲究，其衣帽、服饰和鞋靴的设计与制作有着浓郁的民族风格与艺术特点。

塔塔尔族做工考究的传统服饰

塔塔尔族的衣帽、服饰同其他民族的衣帽、服饰一样，经历了从简陋到复杂，从低级到高级的发展过程。至今，我们仍能在牧区与偏远落后地区窥视到原始色彩的塔塔尔民族服装。

在寒冷的山区草原，牧民喜欢穿一种羊皮大氅，他们称之为“托尼”。另外，还有用狼皮、狐狸皮、马皮、狗皮以及贵重兽皮制成的大衣。

服装

长袍袷袢 塔塔尔男子与高加索和中亚一带男子一样，穿无衣领和纽扣、用方巾扎腰的服饰。《新疆礼俗志》记载：

其男女所服之衣……名曰径拌，圆襟窄袂、不结纽，长施与膝……妇衣较长，当胸多以金丝编织，缀以环纽，衣之前后，繁系小囊，盛零纤杂物，便于取用……男女衣着皆以黑色为上，女之袂衣，下围如绕领，其长曳地。

塔塔尔族男性传统服饰

大衣 在牧区，塔塔尔族还喜欢穿一种外带布面的用各种兽皮、家畜皮缝制的大衣，以及用骆驼毛和绵羊毛制成里子的大衣，冬季保暖实用，穿起来非常舒服、方便。

塔塔尔族男性传统服饰

塔塔尔族
男式皮衣

塔塔尔族
女式皮衣

塔塔尔族
女性传统
服饰

皮衣 生活在城镇的塔塔尔族习惯以动物皮毛做大衣里子与领子，面子则选用各种高档毛纺织品衣料，或者用牲畜皮子制成时髦而适用的皮衣、皮裤与皮坎肩，其中皮夹克是塔塔尔族较喜爱的服饰。

褶裙 此裙可使用各种颜色的布料制作，如白色、蓝色、灰色、浅蓝色、紫色、粉红色、棕色等。塔塔尔族年轻女性穿褶裙时一般围有围裙。

褶裙

绣花衫 此服饰有男式、女式之分。绣花衫一般使用白色面料缝制而成，领口、袖口及前胸部位绣花。此服饰有长袖、短袖两种款式，长袖式袖口很窄，无扣子。

塔塔尔族女性传统服饰

塔塔尔族女性传统服饰

短袖方领坎肩 用裘皮缝制。前襟为两层，左襟内层的边上有扣子可以从里面扣住。为了防止寒风侵袭，右襟内层可以裹住身体前部。外层不设扣子，用腰带系住。

生活于城镇的塔塔尔族男性上穿宽袖直领、从左襟开胸的白衬衫，外加黑色齐腰的短背心，或者是黑长衫，腰扎皮带。衬衣领子、袖子、胸前均绣有十字花纹或花草纹样，色彩鲜艳，图案雅致和谐。下边穿黑色长裤，宽裆紧腿，黑白两种颜色对比强烈，节奏明快，干练而富有朝气。塔塔尔族女

▲

塔塔尔族女性传统服饰

性喜欢穿宽大的紧腿裤和宽大的连衫带皱边的长裙，颜色多为白、黄、酱色等，上装的袖口较小。她们还喜欢穿自制或购买来的羊毛衫或套裙，并在胸部、领口、腕部及下摆处刺绣加缀丰富多彩的图案花纹，并用质地细腻、柔软舒适的绸缎呢料剪裁连衣褶裙，上身再配上金丝绒紧身披肩，风姿绰约，充满活力。

塔塔尔族男帽 ▶

帽

塔塔尔族男士夏天喜欢戴黑色、红色或绿色的绣花或素色不绣花的“图巴泰”（小圆帽），其式样和制作与维吾尔、哈萨克、乌孜别克等民族的花帽有所区别。

塔塔尔族女性戴镶有串珠的小帽或绣花小帽“卡勒发克”，中老年妇女小帽上还要戴头巾。一般女性都喜欢扎头巾，头巾为粗丝与网纱编织的方形头巾，中间织绣花草云图案，四周则缀有潇洒飘逸的缨穗。女性戴上头巾，给人一种朦胧典雅之感。

塔塔尔族男性传统服饰

知识链接 塔塔尔族女性头巾形状上可分为四方形、三角形；质地上可分为棉、丝绸、绒毛。绒毛头巾是塔塔尔女性深秋和冬季必备衣物之一。

库拉克奇 此帽由一种里层多用布料，外层多用狐狸皮、羊羔皮等动物皮制成的男士皮帽，塔塔尔族男士冬季讲究佩戴此帽。

库拉克奇

库拉克奇

平绒帽 男性夏帽，黑色平绒面料缝制而成，帽身不高，顶部扁平，多为塔塔尔族青年男子所用，至今仍常见此帽。

水獭皮帽 男性冬帽，天鹅绒面料缝制而成，其顶端缝有一颗用天鹅绒包起来的纽扣，其颜色要比整个帽子面料的颜色浅而亮；帽子的下檐缝有一圈水獭皮；帽子内壁用红色或黄色的面料做里衬。

塔塔尔族女式皮帽

顶帽 男性冬帽，帽子前上方略向后倾斜，顶部较尖，用花缎做面料缝制而成，帽子周沿缝一圈水獭皮，里衬用淡蓝色或黑色面料缝制而成，里衬和面料之间还缝有夹层布。

塔塔尔族女性头巾

知识链接 **布尔特马夏勒** 由丝线提花织成的女性大头巾，多为白色。

珍珠丝帽 女性夏帽，塔塔尔语称为“塞兰卡勒法克”。此帽使用浅蓝色面料缝制而成，前有抹额，用珍珠缝制花纹装饰。

珍珠丝帽

珍珠丝帽

卡勒发克 女帽，其外形较高，帽子上半部分用蓝色面料缝制而成，面料上绣有花卉图案，四周还有黄色的穗子；帽子下半部分由红色面料缝制，中间缝制一道绿色图案，图案用金丝线修饰。

塔塔尔族传统帽子展示

卡勒发克

鞋靴

草鞋　在早期，该鞋的帮底全用草编织。至近代，该鞋底使用皮料缝制而成，鞋面用各种线编成。此鞋在劳动时穿用，穿时用鞋带系在脚上，并配穿长靿袜子。

草鞋

皮靴　塔塔尔族男女老少都爱穿皮鞋或皮靴。男士穿的皮靴又称为“马靴”，靴靿高至膝盖以上，整双靴子从大底、膛底、主跟、包头、帮面全部使用牛皮缝制而成。在冬季，塔塔尔族青年若头戴一顶黑色羔羊卷毛皮帽，脚蹬一双长筒牛皮靴，骑在骏马上，谁看了都会为之动容。

家用休闲便鞋　将铬鞣革的反面朝外缝制，平跟，似拖鞋。男性此鞋无跟，后有鞋帮。

塔塔尔族女式皮靴

塔塔尔族家用休闲鞋

压花皮便鞋 用压花的铬鞣革作面料，皮底，鞋面压花着色。

丝绒便鞋 女性鞋，鞋底使用皮料缝制而成，高跟，鞋面使用平绒面料缝制而成。

花平绒夏布鞋

丝绒便鞋

花平绒夏布鞋 女性鞋，鞋面使用平绒面料缝制而成，并有绣花。此鞋用皮革上掌，后跟较高，在塔塔尔族年轻女性中盛行。

硬皮底靴 此靴靴底使用硬皮革面料缝制而成，有后跟，前部鞋尖向上翘起，靴头和靴筒均由铬鞣革缝制而成，并有装饰花纹，有的靴子上还缀有宝石或金属纽扣。

折叠筒式软靴 此靴有男式、女式之分。男式多为平跟，女式多为中等高度后跟。靴筒依照靴子的式样折叠8厘米~10厘米。折叠部位有花卉图案作为装饰，靴筒下部和靴头部分也有各式花卉图案作为装饰。此靴头部平直，不上翘。

压花硬皮底靴

折叠筒式软靴

卡洛什　无论是生活在城镇的塔塔尔族，还是生活在牧区的塔塔尔族，都有穿“卡洛什”（套鞋）的习俗。“卡洛什”如今都为胶制，呈船形，尖头、浅帮、圆口、宽大，多为深色。穿时套在皮鞋或皮靴外面，可保护鞋袜免受雨雪侵蚀，并保持内鞋清洁、干爽，可延长穿戴寿命，冬天还可起防滑、保暖作用。进屋时将“卡洛什”脱下，还可以保持室内地板、地毯或地毡的清洁。

卡洛什

知识链接　宗教人士和老人喜欢穿软底皮靴套鞋，既卫生又方便。过去，套鞋由牲畜软皮制成，如今已改为橡胶，里面衬有绒面，既可保暖，又可防止雨雪浸渍。近几年来，随着城镇居民生活水平的提高，新宅装修时，多铺设木制地板，冬天进出时要脱鞋，总有一些不方便。因此，很多中老年人深秋和冬季又开始穿套鞋，既方便又卫生清洁。

上述列举的塔塔尔族服饰，现已不普遍存在了。如今，塔塔尔族男性多喜欢穿西服，塔塔尔族女性也多为现代服饰。服饰随着时代、环境和经济状况的改变而改变，但塔塔尔族服饰的整洁、艳丽，所传达出的美感却没有变。

塔塔尔族服饰审美观是干净、整洁，色彩搭配适宜，要与性别、年龄、气质以及季节、场合等因素相符。塔塔尔族认为，一个人的穿戴表现了其对人生的态度，也在某种意义上表现了一个人的修养。

塔塔尔族认为衣服旧了、破了都不要紧，但衣服不能不整洁，破了要及时缝补。无论是传统的还是现代化的熨烫工具，在塔塔尔族的生活中是不可或缺的。洗净的衣服、床单、被套、窗帘等，在使用前一定要熨烫，因为熨烫的衣服平整，不易脏，还可以起消毒、灭菌等作用。所以塔塔尔人认为衣服熨烫后才能穿，这也是一种追求高雅生活的理念。

首饰

每逢塔塔尔族女性出门会客，走亲访友，以及参加节日、婚礼、歌舞盛会等社会活动，总要着盛装，将各种首饰佩戴齐全，并精心梳妆打扮，以此来表达她们对美好生活与理想的热爱与追求。

塔塔尔女性通常佩戴的装饰品，主要有耳环、手镯、戒指、项链、胸针等，另外还有发饰、领针、腕卡和额链等。

金圆耳环

金圆耳环 黄金制成，圆形，中空。打制时在模具中先打制两个半圆形环，而后中间装上挂钩，将两个半圆形环扣在一起。

月牙耳环 用黄金或白银打制而成，形似月牙。挂钩与月牙的一头相连。戴耳环时月牙弯曲的一面朝前。

月牙耳环

宝石耳环

宝石耳环 黄金打制，有一定的硬度。四周有各种花纹，中间镶嵌宝石，宝石四周用黄金包裹。挂钩可用纯金。

领花 领口外佩戴的链状装饰物，两端配有宝石。

领花

无扣宝石手镯 样式宽大厚重，两端之间留有空隙。戴时先撑开，戴后即可复原。其上镶有红宝石3~5颗，宝石旁边有各种花草纹饰。

无扣宝石手镯

塔塔尔族首饰

带扣手链 将几个圆形金属连成链状，链条的每一个圆形片上镶有宝石，宝石的颜色多样，两端有接扣相连。

手链

饮食

塔塔尔族的饮食文化严格遵守伊斯兰教教规，其饮食习俗基本上保持了传统习俗。当然，随着时代的变迁，饮食习俗也发生了变化，在吸收各民族饮食长处并融合传统饮食后，形成了以面

塔塔尔族特色饮食

食为基本生活饮食，以肉及肉制品、奶及奶制品为主要副食品和辅之以大米、蔬菜、水果等的独特饮食结构。

塔塔尔族的饮食文化在新疆各民族中享有盛誉。塔塔尔族女性以烹饪技术高超而著称，尤其是她们用灵巧的双手烹制而成的糕点等食品，早已进入天山南北的百姓家，成为各族人民日常食用和款待贵客的美味佳肴。

食品

伊克麦克 塔塔尔语，为不同形状面包的统称。“伊克麦克”因原料不同分为不加糖的、平时食用的主食面包和加了油、蛋、糖等原料的甜面包。“伊克麦克”的形状有长方形大面包、圆面包、面包圈等。如今，馕坑中烤制的馕已经成为塔塔尔族的日常食品。

伊克麦克

卡拉奇·托卡什 塔塔尔族的食品种类很多，其中富有民族风味的食品有“卡拉奇·托卡什”。“卡拉奇·托卡什”的做法是：在面粉中加少许盐水和酵母（以啤酒花为主要原料），再加牛奶、鸡蛋、奶油、糖等和

卡拉奇·托卡什

成面团，使其发酵。然后做成大小形状不一的面团，在烤炉或烤箱中烤制。“卡拉奇·托卡什”的特点是味香色美、酥脆可口，营养价值很高。

巴哈里 用蜂蜜、鸡蛋、糖、清油、面粉等原料按比例混合调成糊状，倒入烤盘模具中制成的一种糕点，其中面糊里还可以放进杏脯、核桃、葡萄干等，烤制后味道更加甜美。

巴哈里

蛋糕 用面粉、鸡蛋、糖按比例混合调制成糊状，倒入烤锅或模具中烤制而成，蛋糕上可以用奶油等绘出各种图样。

层层蛋糕

层层蛋糕 用面粉、鸡蛋、糖按比例混合调制成糊状倒入烤盘，烤制成不太厚的蛋糕片，取一片涂上果酱或甜炼乳后，把一片蛋糕片叠压上面，再涂果酱等，重

制作层层蛋糕

蜂蜜饼干

月亮饼干

复几次，就可以叠成层层蛋糕。

蜜糖饼干 用面粉加鸡蛋、奶、油、糖调制好做成厚约1厘米的饼，然后用各种模具切成（压切）不同形状，放进烤炉或烤箱烤制而成。根据其用料分别称作月亮饼干、白饼干、黄饼干，原料里加蜂蜜的，为蜂蜜饼干。

古拜迪亚 塔塔尔最著名的馅饼为“古拜迪亚”，其对原料的要求很讲究。首先，面要用相当多的奶油或羊油和成。准备好馅后，在烤盘或圆形烤锅上涂上一层薄薄的奶油或羊油，铺上和好的面，面上铺半熟大米，再铺酸凝乳（或称乳渣），然后铺大米，再铺切成块的熟鸡蛋，再铺大米，再铺一层泡在水里变软的干果、果脯……然后，再重复铺上述原料一两层后，最上面铺一层和好的面，待铺好后将面坯子各角捏合封闭起来，最上的面层捅上几个小孔，放进烤炉或烤箱烤熟即可。烤熟的古拜迪亚层层分明，切成块食用。其特点外皮酥脆，里面松软，食之可口。

白里西

白里西 塔塔尔食品中有种类繁多的加馅烤制品，一般统称为“白里西”。其制作方法：将面粉里加奶油、清油、鸡蛋（视馅的情况而加盐或加一点食糖）和成面（分为发酵面和未发酵面两种）后做成厚薄不同的面饼。然后面饼上铺馅包成大馅饼，有的在上面再盖上一层面饼，制成后捏出漂亮的褶皱，放入烤炉或烤箱里烤制即可。

“白里西”可以因用馅不同分为肉馅和果蔬陷。肉馅“白里西”又可分为牛羊肉馅和家禽肉馅。由切成小块的牛羊肉、半熟的大米、葱等调味品制成的“白里西”称之为“伊特白里西”，其形状有长方形的，也有制成小圆形的。有的人在肉馅“白里西”中添加几块儿冰块儿，有的在“白里西”中加少量的肉汤，还有鹅肉馅“白里西”。果蔬陷“白里西”，因用馅原料不同分果酱“白里西”、果脯“白里西”、南瓜“白里西”，其中最有特色的要数南瓜“白里西”，其馅由切成块的南瓜，加半熟的大米、葡萄干等干果、食糖制成。如加入肉块就不加干果、食糖。

对于塔塔尔族“古拜迪亚”以及各种“白里西”在新疆地区广为流传的民歌中这样唱道：

古拜迪亚咕咕叫，
卡孜白里西哈哈笑。
烤炉内的奇比白里西，
熟后待吃蹦蹦跳。

知识链接 家禽肉馅“白里西”中最具特色的是小鸡“白里西”（奇比白里西，“奇比”，在塔塔尔语中为“小鸡”）。制作馅时先把鸡肉（幼鸡）切成小块，再加半熟的大米、葱等调味品，混合成馅后烤制而成。

无论是何种“白里西”，其形状除像烤盘一样呈长方形外，还有圆形、三角形、正方形，比萨式露馅型、半露馅型、封闭型等。

皮罗克 “皮罗克”的做法：先煮米饭，随之将切碎的牛肉、南瓜、洋葱头炒熟，内放花椒、盐、胡椒面等佐料，与米饭混合在一起，搅拌成馅，然后根据各自需求而包成大小不同、形状各异的馅饼，烤熟即可食用。

派热麦什 “派热麦什”以肉为馅，加入油、葱、盐、胡椒面等调品味，制成小圆形面包剂子，中间留个眼，不封口，后用油煎制。

派热麦什

吾奇普什马克 “吾奇普什马克”是以肉为馅，加入油、葱、盐等佐料的烤制品。

上述烤制食品是塔塔尔族茶点的一部分，另外还吸收了其他兄弟民族烹制糕点的制作手法，别出心裁地制作出新型糕点，这些食品一直深受各族人民的欢迎。

吾奇普什马克

凯西米尔 剁碎的马、牛、羊的肉馅和胡萝卜一起搅拌，煮熟后加工而成的肉类食品。

库勒达玛 将面粉和成面团后，用拇指压制成玉米粒大小的颗粒状的面块，放进肉汤中煮熟，盛进大盘或碗里，上面浇上碎肉、胡萝卜、土豆等做成的肉汤即可食用。

塔塔尔族特色食品

卡孜布特卡 将鹅肉切成块状放进锅里加水煮，一般只放食盐，煮熟后，往肉汤中放大米熬成稠粥后食用。

吐特尔干套吾克 “套吾克”，塔塔尔语，意为“鸡”。“吐特尔干套吾克”的做法是将鸡宰杀放尽血，开水翻烫后将羽毛拔净

知识链接 鹅、鸭，是居住在河、湖区域塔塔尔族饲养的家禽。深秋，塔塔尔族轮流到各家帮忙宰鹅、鸭。女子拔羽毛，男子将鹅、鸭肉用食盐等调味品腌渍后挂到熏烤房，熏烤成熏肉存放。主人要设宴款待前来帮忙的人。

（不能弄破其皮），洗净后用手搓使鸡皮与肉分离，然后剖腹掏出内脏弃之，再次洗净，将调拌好的少许面粉、牛奶、鸡蛋、酥油、调味品等物填入鸡肚子，用针线缝好，然后在鸡脖子处吹气，使鸡皮与肉分离，并将糊状鸡肚填充物填入皮下，使鸡身鼓至两三倍，接着用线扎紧鸡脖子，或煮或蒸，美味鸡就做好了。这样做出的美味鸡味道特别好。

苏古姆 每年秋末冬初，塔塔尔族要宰杀马、牛、羊以准备过冬的肉，称其为“苏古姆”。宰后分部位熏烤，做香肠，或制成肉条、肉块、肉片晾干，待食时再取用。

生活在牧区的塔塔尔族一直视肉制品、乳制品和粮食为不可或缺的三大食品，他们大力发展畜牧业，进而创造出独具特色的草原饮食文化。

饮品

塔塔尔族除了爱饮用牛奶、羊奶之外，还以奶为原料加工成各种各样的奶制品，如奶油、奶酪、酸奶子、奶疙瘩等。

塔塔尔族饭后饮用或解渴饮用的饮料种类较多，有苹果汁、草莓汁等。冬季将各类干果放入糖水中煮开，冷却后即可饮用。

沙玛维尔，塔塔尔语，意为铜制烧水壶，同时用另一较小的铜壶或瓷壶熬制浓茶。待客时，女主人在客人下方，将放置在金属专用盘上的“沙玛维尔”放置在自己的旁边，随时为客人调茶、敬茶。在给客人调茶时，先往茶碗里放一点熟牛奶、奶皮子。倒入浓茶后，再用“沙玛维尔”加入适量的开水，冲兑适中，然后恭敬地递到客人手中，劝其慢慢饮用，并随喝随添。

沙玛维尔

知识链接 沙玛维尔，是使用方便、卫生的烧水器具。其燃料可为树枝、木炭、煤炭等。因熬制浓茶的小壶可放置在“沙玛维尔”的通气口处，所以冲兑的浓茶始终保持很高的温度。

塔塔尔族饮茶对茶叶的质量要求很高，喜欢细嫩叶片加工而成的红细茶。塔塔尔族饮用的茶水一般不放盐，而只兑熟牛奶，这一点与其他兄弟民族略有差别。

从古至今，以牛奶、羊奶或驼奶与南方茶叶混合制成的奶茶，就是塔塔尔族日常生活中的饮料。

20世纪40年代以前，一位叫张焕仪的内地官员在《天山南北风土漫谈》中这样写道：

他们唯一不能缺少的是茶，他们吃的茶是砖茶，日夜三餐，无茶不饱。他们吃茶时，先放茶叶到水中，再加奶子皮与盐进去，烧成的茶水是最如意的饮料了。

除了“茶点”外，塔塔尔族还有很多烧、煎、蒸及水里熬煮的食品。

果汁羹，塔塔尔语称为“克赛勒”，一般为饭后辅食。“克赛勒”酸甜适度，非常好喝。制作方法：淀粉用水调成很稀的糊状加糖，放入果汁，最好是加仑或悬钩子（马林）汁或樱桃汁，煮成稀粥状即可饮用。

知识链接 塔塔尔族平时早晚除吃馕、面包等茶点外，还食用蜂蜜、果酱、果脯。塔塔尔族女性夏季一直忙着熬制各种浆果的果酱和制作果脯，果酱熬制好后装入密封的玻璃瓶中保存，待冬季食用。

严格地讲，塔塔尔族传统的饮食结构非常合理又科学，中医、维吾尔医等民族医学讲究饮食的热性、凉性、中性的合理调配。以前有条件的塔塔尔族一天要分五次进餐，即早餐，面包等甜食及鸡蛋、奶茶；10点钟茶，早先，10点钟即使是做买卖的人也要关上商铺回家喝10点钟茶；午饭12时~14时，主食为肉制品、抓饭、包子等；晚饭18时~20时，吃水饺、汤饭等；夜宵22时点钟前后，基本上喝茶加一些茶点等，尽可能地喝一碗酸奶。塔塔尔族认为酸奶具有中和作用，并能分解食物，助消化和解毒、催眠。

塔塔尔族在与新疆其他民族共同生息过程中，也食用手抓

塔塔尔族特色食品

肉、羊肉串、清炖或红烧肉、抓饭、拉条子、米饭、烤包子、薄皮包子等。无论是抓饭、手抓肉，还是抓面，传统习惯上均有一个共同的特点，即用手抓食。在此应指出，穆斯林食用食物，必须用右手抓食。随着时代的发展与社会进步，在保持传统文化的基础上，已将上述食品改用刀、叉、勺等餐具食用。如此一来，既文明，又清洁卫生。

居住

塔塔尔族非常讲究住房环境的布置与美化。他们吸取其他兄弟民族住宅建筑之特长，创造出适合于其居住地域气候的风格独特的建筑，既实用，又有很高的艺术价值。

房屋构造

居住在城市的塔塔尔人喜欢住平顶土房。墙壁砌得厚实，这样的房子冬暖夏凉。外墙粉刷石灰，多呈靛蓝色，墙裙均刷油漆

塔塔尔族民居

或涂抹泥和牛粪的混合物，有条件的人家还镶嵌一圈木板皮或木板条，美观大方且极富装饰美感。住房一般为平顶与斜坡顶，横梁上铺设树枝、芦苇与麦梗，最下层铺设芦苇，然后用草泥抹平。冬天必须及时清扫房顶积雪，春夏雨季房顶积水则沿着木槽流下。

富裕的塔塔尔人修房加盖价格较贵的铁皮，呈“人”字形，每年要在其上涂刷油漆，以防雨雪侵蚀。室外四周墙壁砌有各种图案的砖，铁制漏槽沿着墙柱直通地面，宛若一件件精美的艺术品。

平房室内一般都是土木结构，下铺花砖，尽可能地铺木板。屋顶粘贴对称的石膏花图案，灯具悬挂在屋顶中央。讲究的人家屋顶与地面镶嵌天花板与地板，平滑洁净，光彩照人。

由于塔塔尔人多住新疆北部寒冷地区，门窗用料较讲究。正门一般由较厚的木料制成，相当坚实和严实。依街道的平房木窗雕刻有美丽图案，斜穿铁条，并配有可关闭的木窗门，既美观，又能起到保暖与防盗作用。

庭院

塔塔尔人庭院周围喜欢种植树木与花草，在绿色植物的映衬下，住宅显得非常幽静。塔塔尔人的住房入口处常建有富于民族风格的门廊与沿廊，其间有精细入微的挂件与栏杆。

他们在房屋外侧的台基柱墩和院落门坊上用研磨加工好的砖块砌出多种几何造型图案，这些经过巧妙排列组合的拼砖，可组合成为光影效果强烈的装饰图案，使住宅具有更强烈的美感。

房屋外窗边框与护窗板上，工匠们施以精巧的雕花装饰，其雕刻技艺有线雕、浅浮雕与透雕等，古老的平面阴纹线雕居多。此种刻法风格简练、精细，又不失豪放、典雅，具有强烈的艺术表现力。

雕花窗框与护窗板

居室

塔塔尔人住房布局合理，疏密有致，一般住房由居室、客厅、餐室、储藏室几部分组成。住宅里墙壁雪白，有条件的墙上还要挂上墙毯。他们的住房较宽敞，室内一般都有套间。窗户较宽大，所以室内很明亮。窗上多挂自己绣制的窗帘，一般是两层，一层是挂在窗户框上自己绣制的小窗帘，一层是用窗框条架挂的长帘子。

室内的门上也用帘架挂门帘，地上铺地毯或花毡，布置得整齐美观。居室里的床上、被褥上盖床罩或毛毡，再排放枕头。枕头用鸭绒、鹅绒制成，枕套上绣有各种图案。床边放可折叠的屏风（一般有三五个栅子），可将床围起并隔断视线。

客厅中间放长方形桌子和椅子。餐室也用桌椅，桌子上一定要铺桌布。塔塔尔人很讲究室内设计以及床上装饰，在用钢管与铁条巧妙组合的钢丝床上，常悬挂着美丽、飘逸的布幔。布幔或用彩色花布，或用半透明有暗花纹的轻纱，造型、布局、构图等独特新颖，雅致美观。布幔同屏风起一样的作用。

塔塔尔人的卧室布置淡雅整洁，室内的壁挂、墙围、床单、被褥、窗帘、桌布等的色调尽可能素雅一致，房屋内处处可见美丽的刺绣与钩制的装饰工艺品。悬挂在墙壁上的挂毯，浅蓝色等布料上绣有花卉图案的墙围，显得朴素大方而清雅；罩在长条实木桌上与箱柜上的团花网纱巾，则给人以雍容华贵之感。

塔塔尔人还非常讲究床上枕头的装饰，同时，他们经常把绣有花卉、云纹、几何图案的点缀物品置放在卧室的床角、木箱或家具上，特将绣花面朝外，看上去宛若盛开的鲜花。

知识链接 塔塔尔人的绣花枕头，内装蓬松的羽绒，其形状有正方形、长方形或圆形。造型优美异常的枕头套上的图案多选择日常生活中的飞禽走兽、花鸟鱼虫，以及各种抽象的几何纹样。其刺绣、拼花、缝制、编织等技艺高超。塔塔尔族姑娘在结婚时常常携带这些嫁妆，以炫耀自己娴熟而高超的绣制技艺。

木吊床

塔塔尔工匠设计与装饰的小吊床同样巧妙别致。小床呈半弧形或长方形，其床帮漆有鲜艳的油漆，上绘有美丽的花纹，用皮革或厚布连接起来。床由一根伸缩性很强的弹簧悬吊起，床上罩有绣着各种图案的纱巾。婴儿舒适地躺在松软的被褥上，母亲哼唱着优美动听的催眠曲，轻轻地摇晃小吊床，小宝贝即可进入甜美的梦乡。

土炉灶

居住在城市的塔塔尔人喜欢土坯砌成的火墙与土炉，火墙一般高两米左右，内砌烟道，分为三洞、五洞与十洞不等，多镶嵌在里外屋的夹墙中，而且大都在外屋生火，里屋取暖，既节省燃料，又清洁卫生。

知识链接 土炉用土坯或砖砌成，上置生铁炉板，并配有大小不等的炉圈。土炉与火墙之间常留有空间，装有铁皮制成的烤箱，心灵手巧的塔塔尔女性可以在其上烤制出美味的点心。

火炉

塔塔尔传统的火炉应该说是高大的壁炉，此种由欧洲引进的火炉多嵌镶在里外屋墙壁中间与宽敞的客厅里，可供3间房屋取暖。壁炉内砌有一层层耐火砖（起火烟循环的烟道作用），几乎与屋顶等高。外面包裹呈半圆形的黑铁皮，在屋内宛若庞然大物。此种火炉膛内面积很大，既可以燃木柴，又可以烧煤、牛粪等。输入一次燃料，室内温度可以保持一两天，它的设计与利用给生活在高寒地区的塔塔尔人带来莫大的方便。

火炉

塔塔尔人有一个传统习惯是不在寝室做饭，厨房一定要和寝室分开。这样，一来卫生，二来可以防止火灾的发生。厨房建在住房的旁边，有的则建在外面。以前，在厨房内除有做饭的炉灶外，还有可以烤制面包等点心的火炉。

居住在牧区和农村的塔塔尔人的住房更是千姿百态，样式繁多。牧民在天气温暖的春、夏、秋季喜欢住拆装方便、易于搬迁的毡房，到冬季则搬入暖和结实的土房、木屋或用石头垒砌的住宅。

毡房

塔塔尔牧民所住毡房，一般毡房门框高1.5米，宽0.8米，双扇木门雕刻花纹，或彩色漆绘，外挂一条裹有花毡的芨芨草编制

塔塔尔族毡房

的门帘。富有审美情趣的塔塔尔牧民用红、绿、紫、蓝等各种颜色的羊毛绒编制成的芨芨草帘附栅杆上，然后再在草帘外面裹一层毡，既保温又美观。

牧区的塔塔尔人毡房内各种陈设与布置都有一定的规矩。进门的右上方是长辈的床位，下方是放置锅、碗柜和食品的地方。支撑房顶的木杆上半截有几个短枝杈，是用来挂茶叶和食品的。左上方是晚辈的床位，下方是放置马勒、马鞭和猎具之地，春季时牧民们常将此地腾出来安放刚出生的幼羔。

知识链接 毡房的正中央是放火炉生火做饭之地，正上方习惯放马鞍和衣箱，在其上则放被褥、衣物等，上面铺有漂亮的花毡与地毯，是塔塔尔人盛情招待客人喝茶、吃饭以及晚上休息的地方。

木房

风景如画的森林山区，塔塔尔人还修建富有诗意的木头房屋。这种因地制宜、就地取材而建成的房屋可用作牧区的学校、商店、饭馆和畜牧站。这些童话般的木屋是塔塔尔人的传统住房，它古老典雅，精巧别致，为牧区与林区增添了许多神秘色彩。

塔塔尔族传统木房

塔塔尔人木房大小不等，有单间、套间和并排多间，屋顶呈“人”字形、倾斜性，从根基到房顶的四周墙壁全由木头建造，室内地板、天花板也是由锯成的木头相互镶嵌。木房的一排排圆木错落有致地咬合，非常结实牢固，整个木房甚至不用一枚铁钉。

塔塔尔人木房不涂油漆、染料，完全保持本色，经风吹日晒，更显得古色古香，苍劲威严。有条件的人家，则请来工匠在木廊、围栏、圆柱、门窗上雕刻花纹，这样木屋愈发显得典雅古朴。这样的木屋干燥舒适，冬暖夏凉，既可防潮，又能防震，故受到塔塔尔人和其他民族的喜爱。

知识链接 塔城塔塔尔人所建造的房屋中，最惹人注目的莫过于塔塔尔红楼。红楼建于1914年，因其建筑物主体由烧成的红砖砌成而得名。此座楼房坐西向东，楼房墙面台基、柱墩、楼梯都镶嵌着极为美观的拼砖图案，楼顶装有铁皮盖。

◀ 红楼

蒸汽浴室

蒸汽浴室是塔塔尔人一种非常独特的传统设施。在塔城、伊宁等地的塔塔尔人蒸汽浴室刚开始以两间组成，一间是更衣室，另一间是蒸汽室。后来随着生活条件的提高有了3间房子的蒸汽浴室，一间更衣室，一间洗浴室，一间蒸汽室。

蒸汽室内装置有上架铁板或铁条的土制炉灶，灶膛里面堆放着大小适中的鹅卵石。炉灶旁边支撑着呈梯形的木板架，一般为两三层。人既可躺在板上，亦可卧或坐在其上。蒸汽室的四周必须用木条钉成围墙，不能用金属钉子而用竹子制成的钉子使木板、木条固定在一起，门必须用结实的实木门，进蒸汽室的浴者不能带金属首饰，以免烫伤。

◀ 蒸汽浴室

这种浴室省水省力，洗浴方便且清洁度极高，蒸汽室内一切东西可以说受到“高温消毒”，故备受塔塔尔人的青睐。蒸汽浴可增加肺活量，滋润皮肤，是极好的美容方法。

交通工具

历史上，塔塔尔人使用过不同类型的畜力车辆，如勒勒车、槽子车、高轮车、牛车与骆驼车等。它们均与塔塔尔先民的游牧、狩猎生活紧密相关。

哈都克

在近代畜力车辆中，塔塔尔人普遍使用被人们俗称“六根棍”的轻便四轮马车，塔塔尔人称“哈都克”。其车架由碗口粗细的6根圆木棍组合而成，车身装置两对木轮，轮辐呈放射状，前面一对木轮小，后面一对大木轮，车轮触面处由铁圈包起，由此而具备前轻后重、拐弯灵活、平稳舒适、车身轻、车座低、时速快、造型美观等优点。此车可载10人左右，时速约为20千米，具备良好的越野性能，一般单匹马为动力，也有两三匹马拉的车型。

现在一些旅游景区还可以看到车轮换成橡胶轮胎的“哈都克”，有的还在马匹套具上下功夫，上好的牛皮制成垫褥、辔头、面罩、鞭、绳、肚带、缰绳，并在主要部位镶嵌闪闪发光的铆钉；换力马肩部所扛车辕处，直立着雕刻漆幅的弓形木架，造型优美，色泽鲜明，马头上常系美丽的彩色缨穗，马身悬挂几十个核桃大小的铜铃，显得典雅华贵。

哈都克

雪橇

春、夏、秋道路通畅，塔塔尔人所用的交通、运输工具为各种畜力车辆，天寒地冻的寒冬腊月，则使用雪橇。

冬季使用的交通工具，根据外形与功能可分为滑雪板和雪橇。滑雪板，塔塔尔人称“恰尼格”，形长而弯曲，前端上翘，长一米六七，系于双足。乘者双手持长杆，行走于冰雪之上，快如奔马。雪橇，又称“爬犁”，塔塔尔人称“恰拿”，可以分为马拉雪橇和人拉雪橇。

马拉雪橇，是塔塔尔人冬季使用最普遍的传统交通工具。其外形除与“哈都克”设有4个轮子不同外，其他部位与“哈都克”别无二致。两根触地的滑板上镶嵌有长条钢铁片以减少摩擦，数根横木组成的支撑架后设有齐腰的木制靠背，支撑架上铺上毡子等垫褥，乘坐其上宽松而舒适。

牵引马拉雪橇的马，高大威武且精神抖擞，身披皮质套具，头系彩色缨穗，悬系锃亮铜铃。雪地冰道上，一路马蹄笃笃，铃声叮当，场面壮观。

人拉雪橇，是由铁条弯曲焊接而成的，或用木条镶嵌而成的体积较小、造型美观、富有装饰性的运输工具。此种雪橇前部根据人们不同审美观制成各种图案，其铁或木架上铺设几块木板，或装置木箱，以供装物之用。身着彩装、欢歌笑语的塔塔尔族儿童乘坐此种雪橇嬉戏游玩，别有一番情趣。

第五章
魅力文化

塔塔尔语是在保加尔语和克普恰克语的基础上发展形成的。20世纪中叶，塔塔尔族对塔塔尔文进行了改革。新中国成立以后，塔塔尔语只在塔塔尔族老人中使用。

语言与文字

塔塔尔族先民生活在我国东部北方地区时，曾使用突厥民族通用的古突厥文，形成并发展了自己的初级教育。古突厥文，又称为“突厥–卢尼文”“鄂尔浑–叶尼塞文”。

1206年，蒙古部落的铁木真统一蒙古高原，铁木真被称为成吉思汗。随后，蒙古高原上的突厥、蒙古部落在成吉思汗的号召下团结起来，并开始向外扩张。1229年，征服了中亚。成吉思汗的孙子拔都于1236—1243年向西进军，并在1236年打败了保加尔人。1241年占领东欧，到达亚得里亚海岸。拔都于1243年以伏尔加河下游的萨莱城为中心，建立了金帐汗国（1243—1502）。金帐汗国在历史上又被称为“克普恰克（钦察）汗国”“鞑靼汗国”。

蒙古高原

金帐汗国建立后，中亚各国、阿拉伯、波斯以及欧洲各国，用他们在蒙古高原上的统称，同样称它为鞑靼汗国，其子民被称为鞑靼人。甚至“在16世纪—19世纪的俄国文献中记载，俄国境内许多操突厥语民族——阿塞拜疆人以及北高加索、中亚、伏尔加河流域突厥语各族统称‘鞑靼人’”。

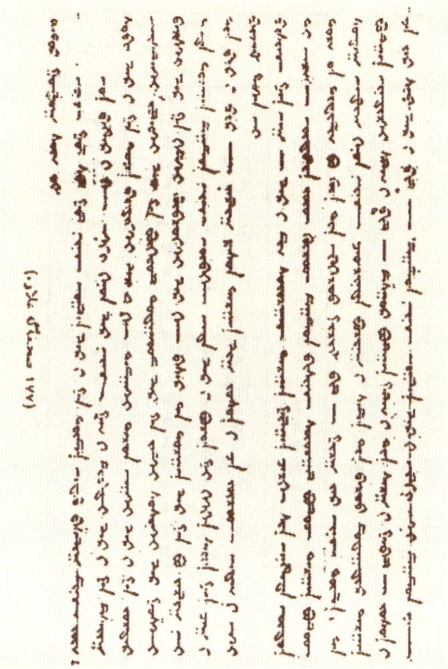

1390年回鹘文

蒙古兴盛之后，东部和西部之间的政治、经济和文化联系紧密，传统的丝绸之路更加畅通。金帐汗国建立初期，成吉思汗帝国就像其他帝国一样，把回鹘文字作为汗国文字。金帐汗国文字语言起初是回鹘语和喀喇罕语，由于掌握政权的官员大多数是维吾尔人，因此使用了回鹘文字。

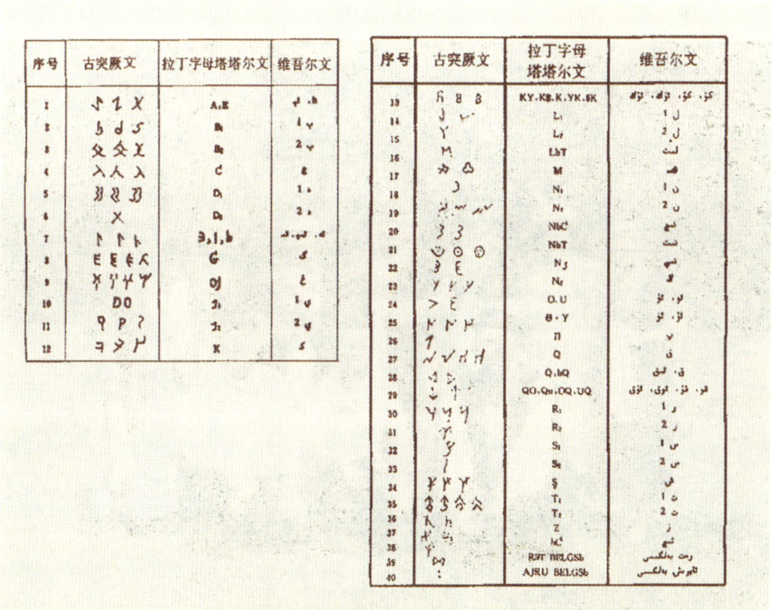

蒙古高原的白鞑靼人使用的古突厥文字母

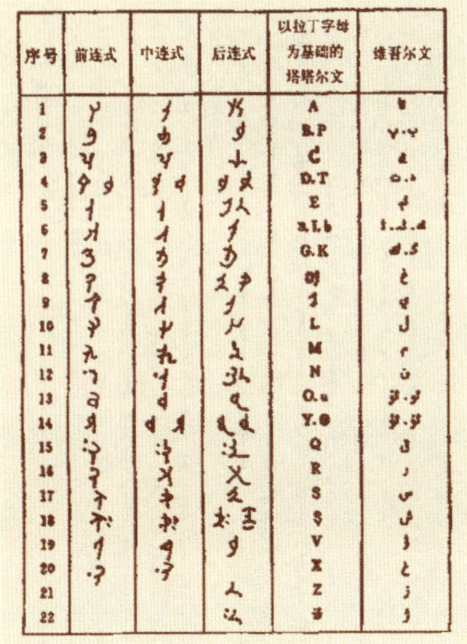

金帐汗国使用的古回鹘文字母

随着金帐汗国统治集团的伊斯兰化，14世纪末开始不再使用回鹘文字，代而使用保加尔时期开始普及的、以阿拉伯字母为基础的塔塔尔旧文字；并且在金帐汗国时期，使用融合了阿拉伯和波斯术语的哈卡泥叶语（中古回鹘语）。哈卡泥叶语被中亚突厥民族共同使用到20世纪，被现代学者称为察合台语，至此便形成了中世纪塔塔尔人的文字语言。中世纪塔塔尔人的文字语言被称为伏尔加河流域的突厥语。在这一时期，哈喇子米、胡提壁、萨伊夫·萨拉伊、库勒·艾利、吾买尔·艾亚木、拉布甫孜、哈菲兹·西拉子、法拉比、路特菲和米尔艾力西尔·纳瓦依等文人的经典作品就像在新疆和中亚传播一样，广泛传播于金帐汗国，这些作品都是察合台文学和伏尔加河流域的突厥文学的经典作品。

金帐汗国衰败之后产生的喀山汗国、西伯利亚汗国、阿斯特

塔城塔塔尔族

拉罕汗国、克里米亚汗国和之后形成的卡斯木汗国等5个塔塔尔汗国继承并发展了金帐汗国的语言文字。

我国塔塔尔族使用以阿拉伯文字为基础的塔塔尔文字。随着时代的发展，历史的推进，我国塔塔尔族没有放弃原有的文字，在新疆地区的大部分塔塔尔族都能阅读以拉丁字母、斯拉夫字母为基础的塔塔尔文字的书刊。

我国塔塔尔族一般在本民族内部交流时使用本民族语言，正因注重保护民族语言文字，上百年来，塔塔尔族没有丢失自己的语言和文字。1959年前，伊宁、塔城等地区建有塔塔尔族学校，用塔塔尔语言、文字教学。目前，因为塔塔尔族人口较少，且居住分散，所以不便创办塔塔尔族学校。

为了弘扬塔塔尔族语言、文字，1990年新疆塔塔尔文化研究会出版发行了《塔塔尔识字本》。新疆维吾尔自治区塔塔尔文化研究会出版了有关塔塔尔族历史、文化研究方面的杂志——《中国塔塔尔》。2014年，伊犁哈萨克自治州塔塔尔族文化研究会出版了有关塔塔尔族历史、文化研究方面的杂志——《新疆塔塔尔族文化》。

现代塔塔尔族出版物

塔塔尔语与同样属于突厥语族的维吾尔、哈萨克、乌孜别克、柯尔克孜等民族的语言相互影响明显。新疆地区塔塔尔族的双语现象具有多种类型的特点：1. 兼通哈萨克语。2. 兼通维吾尔语。3. 兼通柯尔克孜语。4. 兼通汉语。其中以兼通哈萨克语类型具有普遍性特点。以阿勒泰语言区和塔城语言区为例，该地区塔塔尔族都以哈萨克语为第二语言。同样，在伊犁语言区，塔塔尔族以哈萨克语为第二语言。散居在伊宁市、尼勒克县、霍城县的塔塔尔族，因与维吾尔族交错相处，他们还兼通维吾尔语，有少部分人兼通汉语。乌鲁木齐语言区，塔塔尔族大多为知识分子，除兼通哈萨克语外，还兼通维吾尔语和汉语。

塔塔尔族兼用多种语言是由特定条件决定的，这种条件与交际场合、辈分、年龄、职业等因素有关。老年人在一起交谈时，如果是同一民族，一定说母语。如果不是同一民族，塔塔尔老人一定会主动使用对方的语言，以示尊敬。青年人交谈时，一般使用当地通用语。

20世纪中叶开始，塔塔尔族对原有的老塔塔尔文进行了改革。中华人民共和国成立以后，很多塔塔尔族将子女送入维吾尔语、哈萨克语、汉语学校读书。所以，塔塔尔族语言、文字只在老人中使用。

21世纪后，使用塔塔尔语的塔塔尔族青年越来越多。乌鲁木齐、伊犁、塔城等地区开办了塔塔尔语培训班，也有到俄罗斯鞑靼斯坦共和国留学，专门学习塔塔尔语等专业。因此，现在有50%的塔塔尔族家庭在家里能够使用塔塔尔语交流。

喀山印刷

16世纪，由于莫斯科公国的强大和扩张，塔塔尔诸汗国面临巨大的危机。这一时期的欧洲掀起了文学觉醒和宗教改革的浪潮，并取得了巨大成果，其中的铅印刷术的出现使出版事业得到蓬勃发展。除了欧洲的主要国家使用铅印刷术并用自己的语言、文字出版各种图书外，意大利威尼斯在1530年第一次出版发行了《古兰经》铅印本，之后还有意大利帕都阿与德国汉堡（1694年）、柏林（1701年）等城市出版发行了《古兰经》铅印本。这使突厥语的土耳其人和塔塔尔人开始接受和发展产生于欧洲的铅印刷术，成就了以喀山为中心的近代塔塔尔出版事业，从而形成了突厥语民族和伊斯兰世界的出版中心，被称为喀山印刷并记入史册。

沙俄强大之后，先后于1552年吞并喀山汗国、1554年吞并阿斯特拉罕汗国、1598年吞并西伯利亚汗国、1783年吞并克里米亚汗国。沙俄在吞并上述各汗国之后，对塔塔尔人实行了种族灭绝政策，剥夺塔塔尔人的政治、经济和文化权利，摧毁清真寺和经文学堂，强迫实行基督教化，把塔塔尔人赶出大城市，没收土地和财产，实行25年义务兵役制。这一时期，塔塔尔语言、文字也像塔塔尔人一样，遭受严重摧残并被排挤出政府权力机构。

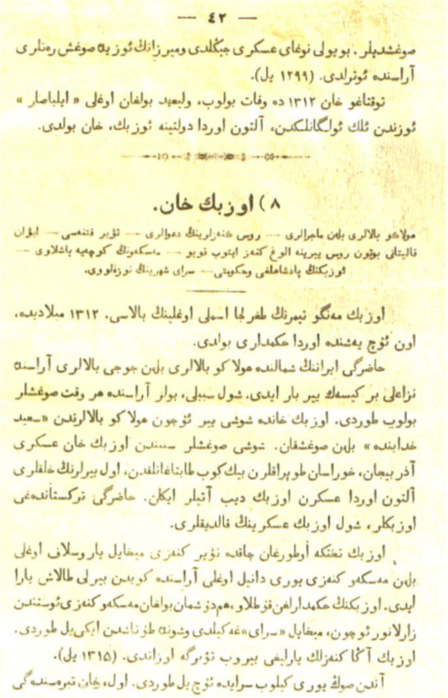

— ٤٢ —

صوغشدیلر. بو بولی نوغای عسکری جیگلدی ومیرزانك ئوزبه صوغش رەنلری آراسنده ئونرلدی. (١٢٩٩ یل).

توقتاغو خان ١٣١٢ ده وفات بولوب، ولیعهد بولغان اوغلی «ایلباصار» ئوزندن ئلك ئولگانلکدن، آلتون اوردا دولتینه ئوزبك، خان بولدی.

٨) اوزبك خان.

مولاکو بالالری بلەن ماجرالری — روس کنەزلرینك دعوالری — تۆیر فتنەسی — ایۋان قالیتانی بوتون روس بیرینه الوغ کنەز ایتوب قویو — مەسکەونك کوچمیه باشلاوی — ئوزبکنك پادشاهلقی وحکومتی — سرای شهرینك توزەلووی.

اوزبك مەنگو تیمرنك طغرلجا اسملی اوغلینك بالاسی. ١٣١٢ میلادیده، اون ئوچ یەشنده اوردا حکمداری بولدی.

حاضرگی ایراننك شمالنده مولاکو بالالری بلەن جوجی بالالری آراسنده نزاعلی بر کیسەك یر بار ایدی. شول سببلی، بولر آراسنده هر وقت صوغشلر بولوب طوردی. اوزبك خانده شوشی یر ئوچون مولاکو بالالرندن «سعید خدابنده» بلەن صوغشقان. شوشی صوغشلر سببندن اوزبك خان عسکری آذربیجان، خوراسان طوپراقلرن بیك کوب طابتاغانلقدن، اول یرلرنك خلقلری آلتون اوردا عسکرن اوزبك دیب آتیلر ایکان. حاضرگی ترکستانده‌غی اوزبکلر، شول اوزبك عسکرینك قالدیقلری.

اوزبك تختکه اوطورغان چاقده تۆیر کنەزی میخایل یاروسلاف اوغلی بلەن مەسکەو کنەزی یوری دانیل اوغلی آراسنده کوبدن بیرلی طالاش بارا ایدی. اوزبکنك حکمدارلغن قوطلاو، هم دۆشمان بولغان مەسکەو کنەزی ئوستندن زارلانور ئوچون، میخایل «سرای»غه کیلدی وشونده طوناشدن ایکی یل طوردی. اوزبك آنگا کنەزلك یارلیغی بیروب تۆیرگه اوزاتدی. (١٣١٥ یل).

آندن صوك یوری کیلوب سرایده ئوچ یل طوردی. اول، خان تیرەسنده‌گی

塔塔尔文喀山印刷品

塔塔尔人遭受了两百年的重创后，女皇叶卡捷琳娜二世（1729—1796）登上了历史舞台，同时沙俄减轻了对塔塔尔人的压迫。1763年，允许塔塔尔人建清真寺和“经文学堂”。因此，在塔塔尔人聚居的地方有了许多清真寺和“经文学堂”。同时，在塔塔尔人聚居的地方还建造了印刷厂，面临灭亡的塔塔尔族文化、教育又重见天日。1787年，俄罗斯印刷的第一版《古兰经》铅印本在圣彼得堡由塔塔尔人出版发行。1785年，编纂出版《俄语、塔塔尔语词典》。1801年，《塔塔尔语法》在圣彼得堡出版。1796年，在喀山中学开设了塔塔尔语课程。1800年，根据塔塔尔人的要求，允许在喀山、奥伦堡和其他城市出版塔塔尔文和阿拉伯文书籍。在塔塔尔人有了出版权之后，俄罗斯的塔塔尔人在大城市里陆续建立了出版机构和印刷厂，大量出版塔塔尔语、阿拉伯语、波斯语和突厥语著作的现代铅印刷版本。尤其是19世纪末举行了以“宗教革新”和“适应时代”为中心的教育改革运动。这一改革运动在历史上被称为“乌苏里杰迪德”新式教学法。当时从事新式教学法的人们将“杰迪德者”新式教学运动称为“杰迪德主义”。在此次“杰迪德运动”过程中，出版事业也取得了巨大成就，图书种类和数量很多。由于受突厥语民族和伊斯兰国家的巨大影响，喀山印刷在塔塔尔语中也被称作喀山突厥语。

根据伊宁市图书馆和伊犁哈萨克自治州古籍整理办公室所藏的321本喀山印刷图书（其中182种塔塔尔语、76种阿拉伯语和5种波斯语），可以了解当时在喀山地区存在出版社和印刷厂的规模和影响。除此之外，在奥伦堡还有先进铅印刷技术的印刷厂。

在19世纪末和20世纪初，新疆受“杰迪德运动”的影响，掀起了兴办新式现代学校的高潮。在这一时期就读于新式现代学校的塔塔尔知识分子和从喀山、哈萨克、奥伦堡和伊斯坦布尔等地来的一部分维吾尔、哈萨克和乌孜别克知识分子成为骨干，他们从喀山带来教学图书，由塔塔尔族老师用塔塔尔语教授课程。由于当时塔塔尔语（喀山方言）在突厥语民族看来是通俗易懂的通用语言，在新式现代学校就读的各民族子女比较容易接受课程内容。喀山印刷的许多图书书面语，即察合台语，对维吾尔、哈

塔城牧场风光

萨克和乌孜别克族知识分子而言并不陌生。

1910年，在伊宁开办的光明学校里建立了专门的光明阅览室。除此之外，在塔城建成的乌买尔亚学校、吐兰学校，1912年在乌鲁木齐开办的塔塔尔学校等全部都建立了图书阅览室。学校除了培养塔塔尔族子女，还培养维吾尔、哈萨克、乌孜别克、柯尔克孜和一部分汉族及回族子女，在新疆塔塔尔学校还开办了第一个对外开放的图书阅览室。1936年，在伊宁市开办的中学也有较大的图书阅览室，具有种类较多且内容丰富的汉语、维吾尔语、哈萨克语、塔塔尔语和俄语图书。

塔塔尔族家庭普遍有收藏图书的习惯，上述学校阅览室内的图书都是塔塔尔人捐赠的，这些图书都是从遥远的伏尔加河流域带来的。伊宁市图书馆的喀山印刷图书基本上都是光明学校在“文化大革命”中幸免于难的图书。从20世纪20年代以来，苏联的塔塔尔人转用以俄文字母为基础的塔塔尔新文字；20世纪30年代以来转用以斯拉夫字母为基础的塔塔尔文字。因此，以阿拉伯字母为基础的喀山印刷便逐步退出了历史舞台。总之，喀山印刷使得阿拉伯、波斯和突厥语民族的诸多图书铅印刷版本与欧洲许多科学技术和文学艺术著作的塔塔尔语译本得以出版与传播。

民间文学

塔塔尔族的民间文学十分丰富，种类繁多，形式多样，语言诙谐、幽默、流畅，是民间世世代代流传下来的珍贵文化遗产。民间文学包括神话、传说、民间故事、诗歌、歌谣、谚语、谜语等。

在塔塔尔文学宝库中，民间口头文学具有非常重要的位置。口头文学的产生和发展是人们对自然界的各种现象和社会现象的看法流传至今的历史记录。

神话、民间故事、诗歌

塔塔尔族神话迄今为止在新疆收集得不是很多，但是这些民间神话反映了塔塔尔族的民族特点、风俗习惯、宗教信仰、民族文化等。塔塔尔族神话有《图腾神话》《龙的神话》《狼的神话》《豹的神话》《阿勒甫保尔加神话》等。

《萨克与素克》是塔塔尔族家喻户晓的传统叙事诗歌：

有一对孪生兄弟，他们不听父母的话，经常为一些小事争斗、吵嘴。一天，他们的父亲不在家，这对孪生兄弟为一个弓箭发生了争吵，他们的母亲便诅咒，让他们变成称为“萨克”和“素克”的森林鸟。不料，母亲诅咒应验，孪生兄弟变成了两只小鸟，整天在森林中发出“萨克”和“素克”的哀鸣，再不能回到父母身边。

这极其生动地描绘了因家庭不和谐而导致的悲惨结果。该诗歌广泛流传至今，其原因可能是塔塔尔族自古以来认为双胞胎是神灵的特殊恩赐，特别是孪生兄弟被视为具有奇异能力的男子。所以，古代部落的首领往往由孪生兄弟出任。

该诗歌教育人们不要随便诅咒别人，特别是母亲千万不能诅咒自己的孩子。因为，母亲的祈祷和祝福是神圣的，诅咒也同样有神奇的效应，就连神灵特殊恩赐的孪生兄弟也逃脱不了母亲的诅咒，更何况普通人。

塔塔尔族广为流传的传说有《保加尔汗国的传说》《喀山汗国的传说》，以及有关英雄的传说《阿里普巴什》《阿勒帕米什》等。英雄长篇小说《叶德盖》是以14世纪—15世纪金帐汗国衰落时期历史人物托合塔米什汗和其大臣叶德盖之间的冲突为故事情节创作的，同时期另一个历史人物阿克萨克铁木尔的故事也贯串其中。民间口头文学中诗体歌谣也很丰富，《穆罕穆德伊本》《喀山被攻占》《苏尤母比卡》《艾里沙赫》《可汗的女儿》等歌谣是代表作。

塔塔尔人将民间口头文学的各种类型从俄国带到了世界各地，其中以歌谣的形式表现对祖先、对祖先生息地的怀念及对美好生活的向往。

19世纪，塔塔尔社会随着欧洲工业革命和俄国的社会改革，在文化、科学方面进入了觉醒的时代，出现了很多文学家、诗人，如阿布都加帕尔·卡尼达里、身米斯丁·苏皮·阿拉亚里·艾合买提乌勒、艾力·楚克力、阿克毛拉·穆罕默德亚里、亚库普·伊米里亚尼等。

19世纪末20世纪初，涌现了很多现代文学的代表人物，如阿布都拉·托凯、马吉德·哈甫里、阿利木江·伊布拉依莫夫、法提赫·艾米尔江等现实主义的现代诗人、作家、评论家。

知识链接 阿布都拉·托凯，是现代塔塔尔文学的优秀代表人物，他以崭新的风格，流畅的现代塔塔尔语创作了很多诗歌和儿童文学作品等。2006年，新疆维吾尔自治区文学艺术界联合会和新疆塔塔尔文化研究会，在乌鲁木齐市联合举办纪念“阿布都拉· 托凯诞辰120周年”会议上新疆地区各族学者不仅高度评价了诗人对现代塔塔尔文学的贡献，而且从各方面阐述了他对新疆各民族现代文学的巨大影响。

新疆地区的塔塔尔族中涌现了不少文人，他们在极其困难的环境中创办了印刷厂、报社，编著教科书。1925年，在塔城出版发行了《我们的声音报》（塔塔尔文）和《新疆杂志》，其中刊登了不少文艺作品。

知识链接

库尔班·阿里·哈力德：作家，曾出版《东方五史》一书，是一部很好的艺术作品。

穆拉提·热木孜：作家和翻译家。1927年，他将《古兰经》首次译成维吾尔文。

法提赫· 海比布林：教育家，曾在塔城报社和学校工作期间创作过很多诗词作品，代表作有《库克库普尔》。

法提赫的《思念》《塔城啊》等诗词作品，表现出思念故乡的情结，充满了爱国主义情怀，特别是在1949年8月于苏联塔什干市创作的作品《塔城啊》：

我出生，生长，居住过的城市是塔城，
无论我身何处，永远把你称赞和爱恋。
只要我生息能讲话，能动笔就会，
将塔城赞美成世上最美的城市。

塔城啊，你在我心目中占据最高的地位，
无论我到何处，心中永远思念你。
我梦中如果梦见一个城镇，
那肯定就是你啊，塔城。

我知道，塔城的街道不多，
并且只要吹风，马车走过就会尘土飞扬。
春秋下雨，冰雪融化时，
那泥潭会使人无法行足。

塔城啊，你并没有用沥青覆盖的街道，
更没有各种机械在沥青街道上穿梭。
啊，塔城，你的大自然：空气、石头、土壤……
没有被汽油的臭气熏染。

我知道，塔城，你没有好看的高楼大厦，
没有黑夜变成白天的照明设施，
没有公交大车，有轨、无轨电车，
更没有交叉在一起的公交线路。

我知道啊，塔城，你有的是宗教节日，
每条街道上有清真寺和宣礼塔。
有的是充满东方风格和民俗的民众，
热闹不凡的大小巴扎。

塔城的夏天又热又干燥，
冬天寒冷，又经常刮大风。
但自然界的季节都那么分明！
也算是塔城的风景、文化名胜。

也没有像高加索那样迷人的风景，
也没有闻世的名胜古迹。
当然，塔城你不是世界名胜的大都市，
但你在我心中却胜过它们。

每只鸭子夸耀自己生息的沼泽，
我也会终生夸奖、赞美我的故乡——塔城

谚语

塔塔尔口头文学中谚语占有很大的比重。谚语是由一个句子或两个句子组成，如：

土地是金饭碗，祖祖辈辈吃不完。

贤人谈见识，庸人扯吃喝。

老虎不走回头路，好汉说话不反悔。

忍耐里藏有黄金。

另外，塔塔尔族还有专门为方便儿童学习语言而创作的寓言、谜语、民间说书等，同样闪烁着人民智慧的光芒，如：

土中长黄金棒。（胡萝卜）

比马高，比狗矮。（马鞍）

跑啊跑，什么最能跑。（流水）

第六章 民族教育

新中国成立以来，塔塔尔族作为祖国大家庭中的一员，以主人翁的姿态建设着自己的家乡。在党和政府的支持与帮助下，塔塔尔族的生活发生了巨大变化，各项民族事业快速发展。

新式教育运动

19世纪末20世纪初，新疆地区的发展十分滞后，新疆各民族的政治、经济、文化教育等各项事业基本上处于中世纪发展水平。维吾尔等民族学校采用的仍是旧式教学法（伊斯兰教寺院经堂教育）。“经文学校”在教学条件、教学内容、学制等方面与初级宗教学校并无较大的区别。随着由欧洲工业革命带来的现代工业技术和科学知识传入新疆，以塔塔尔族为代表的一大批新疆进步知识分子逐渐意识到旧式的伊斯兰“经文学校”教育越来越无法适应社会的发展，新疆各民族同胞要摆脱贫困、落后的现状，走上发展之路，关键在于发展新式文化教育。19世纪末至20世纪30年代初，在有志发展教育事业的塔塔尔族知识分子的影响下，乌鲁木齐、伊宁、塔城等地的塔塔尔、维吾尔、哈萨克、柯尔克孜等民族群众中掀起一场轰轰烈烈的教育改革运动，这就是将“经文学校”改为“科学学校”（讲授现代文化知识的学校）的新式教育运动。

赛福鼎·艾则孜

维吾尔族革命家、老前辈赛福鼎·艾则孜在《生命长诗》一书中这样写道：

新疆的新式教育运动是一场具有历史意义的伟大斗争，在当时的条件下，它在反封建、反宗教迷信、反独裁统治方面是进步的……

正如赛福鼎所言，新式教育运动对新疆文化教育的发展产生了深远影响，通过这场教育革新，新疆各族人民步入了接受现代文化教育的时代。

19世纪末20世纪初，新疆掀起的新式教育运动，首先在塔塔尔人集中定居的乌鲁木齐、伊宁、塔城等地相继建立起以新式教学法为主的塔塔尔族学校，学校除了招收塔塔尔族学生外，还招收其他民族的学生。牙坤·肉孜《古堡之谜》一书中这样写道：

新式教育运动绝不会是偶然自然地开始的！历史告诉我们的事实是：在维吾尔族中，新式教育运动始于19世纪后半叶，是在塔塔尔族发起“新式教育方法”的启蒙运动影响下逐渐形成的。

迪化（今乌鲁木齐）地区的新式教育

塔塔尔人进入新疆的历史从1830年开始，1870年以前就有塔塔尔人开始定居于乌鲁木齐。20世纪初，乌鲁木齐塔塔尔人数量增加，随之便有了建立学校的诉求。为此，塔塔尔清真寺的长老们将该寺的3间寺管房改建为教室，并于1912年在乌鲁木齐正式成立了第一所塔塔尔族学校，同年秋天招生开学，聘请喀山孜乃

乌鲁木齐塔塔尔清真寺

▲

乌鲁木齐
南郊牧场
白杨沟

图拉担任该校教师。至1915年，乌鲁木齐塔塔尔人为了使女孩子也能受教育，派孜乃图拉到喀山聘请女教师，孜乃图拉回到喀山后，聘请了毕业于喀山教育学院的塔塔尔姑娘买尔燕木·孜格特巴耶娃。他们回到乌鲁木齐后于1916年招收了买合日法·沙芬、哈依霞·恰尼希娃等48名女学生，乌鲁木齐塔塔尔女子学校就这样成立了。在课程设置上，除了教授现代文化知识，还开设了民族服装制作、刺绣、绣花边等实践课程。

1920年，在塔塔尔族进步人士扎克尔·阿布德西夫、哈山·夏库洛夫和包尔汉·沙伊迪等人的努力下，乌鲁木齐塔塔尔族扩建了塔塔尔清真寺的塔塔尔学校，同时还建立了一座小型阅览室，该学校由小学改为初中。除孜乃图拉老师继续任教外，还聘请了一些具有较高水平的教师任教。当时从吐鲁番调到乌鲁木齐的塔塔尔族教师海达尔·沙依拉尼在该校任俄语教师，并负责教务工作。

1928年，该学校增设了汉语课，聘请毕业于汉语学堂的维吾尔族知识分子玉努斯别克向高年级的学生教授汉语课。当时，在这所学校的学生不仅有塔塔尔族，还有维吾尔、乌孜别克、哈萨克等民族的学生。维吾尔族著名语言学家伊不拉音·穆提义就在此校学习过。这所学校虽然规模小，但设有专门的图书馆，藏有各种教材、书刊和报纸，向求知者提供大量的学习资料。

塔塔尔女子学校师生合影

三区革命纪念塔

该学校还开办了教师短期培训班，其中有乌鲁木齐附近山区来的哈萨克青年。经一段时间的培训后，他们返回家乡开办“帐篷学校”，成为奠定哈萨克民族初级教育基础的骨干。当时开办的教师短期培训班对兄弟民族教育的形成和发展起到了一定的促进作用。

1935年，迪化塔塔尔族富商曼苏尔江巴依出资在其私人住宅（今新疆大学红湖东边）大院里的一块空地上兴建了一所塔塔尔学校（1942年，该校迁至今乌鲁木齐胜利路羊毛湖小巷，时称“羊毛湖塔塔尔学校”）。该校采用新式教学法进行教学，共设4个班：一年级两个班、二年级一个班、三年级一个班，全部为女学生。1936年，塔塔尔文化促进会接管该校。1937年，新疆省教育厅接管该校，并更名为“省立第六小学”。“省立第六小学”包括分设两地的6个小学班，即羊毛湖小学的3个女生班和塔塔尔清真寺旁的3个男生班，首任校长是塔塔尔族知名人士艾力·伊不拉音莫夫。1941—1944年，帕丽丹·艾力娃任该校校长。1944年，“省立第六小学”更名为第十八小学。

1946年，“三区革命”政府与新疆省政府签订了《十一条和平条款》之后，热西妲·谢依迪娃从伊宁回到迪化，经教育厅安排，组建了包括师范班在内的第二女子中学，并担任校长。

塔城地区的新式教育

1907年，塔城开办了使用“新式教学法”的第一所学校，该校建造在被称为“克孜勒麦奇提”的红色清真寺旁。这所学校有三个班级，一百多名学生，使用新式教材进行教学。为了解决师资问题，出资建造该校的塔塔尔族商人乌买尔阿吉·阿不都林曾派一批学生到喀山留学，学成后回到该校任教，后来这所学校被冠名为“乌买尔亚学校”。

当时在塔城地区，“乌买尔亚学校”的影响很大。起初，只有塔塔尔、维吾尔、乌孜别克、哈萨克等民族的子弟在这里读书，后来该校招收了一批女学生，成为全疆第一所男女混编学校。

1910年，穆罕默德·江艾凡迪来到和什托洛盖开办新式学校。

塔城——宣礼塔

在这里为各族人民的儿童教书。1912年，塔塔尔族女士苏菲亚·阿比斯台来到额敏县，在自家庭院内开办学校授课。后来这所学校的规模进一步扩大，由法特胡勒巴燕与艾合买提·拜迪黑等塔塔尔族教师任教，采用的也是新式教学法进行教学。1914年，塔塔尔族知识分子们在塔城相继建立了塔塔尔族新式文化学校。

1917年，塔塔尔族教育工作者穆罕默德·谢皮克艾凡迪来到额敏县的贾依尔草原，在哈萨克牧民中开办新式文化学校。他在学校任教的同时，还担任了清真寺的伊麻目职务。他的儿子艾合买提·谢皮克和艾明·谢皮克在1918—1924年间开办专门学校，进行新式文化教育。

1920年，艾合买提·拜迪黑艾凡迪与塔丽哈阿比斯台在和什托洛盖和额敏县两地开办新式学校从事教学，当时还专门从喀山邀请来塔塔尔族教师萨拉赫丁艾凡迪、穆凯莱姆女士、穆西菲达阿比斯台等人，他们为塔城地区教育事业的发展做出了贡献。

1831年，沙俄侵占了我国阿亚古斯河流域。为摆脱沙俄的统治，生活在这里的塔塔尔宗教人士、知识分子、手工业者、牧民不顾沙俄当局的阻拦，于1840年后陆续内迁，大部分来到塔城地区定居。《东方全史》一书的作者库尔班哈力·哈力德就是在这个时期来到塔城的。他在研究维吾尔族历史与文化的同时，为《翻译报》在新疆传播做出了重要的贡献。

库尔班哈力·哈力德作为《翻译报》的常任记者，在报上发表过很多有益的文章和通讯。他在1889年12月20日及1901年7月23日，在《翻译报》上发表的文章中，介绍了在新疆建立的学校中实行新式教学方法的益处。他在自己的著作《东方五史》中这样写道：1899年12月14日，星期三中午，在塔城开办了“杰迪德”学校。

▲

《中国塔塔尔族教育史》书影

此外还有以下学校：

1. 1911年，穆依布拉·艾凡迪与古兰旦木·阿比斯台在塔城开设一所女子学校。

2. 1919年，应马赫苏提·穆依提的邀请，二人来到吐鲁番阿斯塔纳村开办学校。

3. 1923年，哈山阿克萨卡勒在塔城开办一所女子学校。

4. 1927年，古兰旦木阿比斯台在塔城开办一所名为“古兰旦木牙”的学校。

5. 1935年，沙格旦开办了一所女子缝纫学校，招收塔塔尔族、乌孜别克族、维吾尔族、哈萨克族学生，讲授刺绣、制作西装和连衣裙的技术。

6. 1936年，哈力开办了一所哈萨克学校，时称“磨坊女子学校”。

7. 1938年，米尔铁木尔·加玛里开办了“乃木乃乌兹别克学校”。

8. 1947年，帕孜利在和丰县城开办了一所新式学校，取名“毕尔力克学校”。

伊犁地区的新式教育

19世纪80年代起，伊宁、阿图什、乌鲁木齐、塔城、吐鲁番、喀什等地陆续设立了同时讲授宗教课和现代科学课的进步学校。当时在新疆有名的维吾尔族富商巴吾东巴依·穆萨巴尤夫曾在哈萨克斯坦境内的亚尔刊特（县）开办的塔塔尔学校读书，回国后于1875年在伊宁市拜图拉清真寺大门的右边修建了一所拥有大礼堂、四间教室、欧式课桌和黑板的学校，这所学校是当时在伊犁地区内开办的兼授宗教课程和科学知识的第一所学校，成为伊犁地区科学教育开始的标志。

伊犁草原

从此以后，以伊宁市为中心，伊犁各地的维吾尔族知识分子、宗教进步人士和进步富商们建设了多所统一兼授宗教和科学知识的学校。部分塔塔尔族知识分子与维吾尔族知识分子

▲

伊宁美景

一起在旧式“经文学堂”里增设科学类课程。这些教育活动为反对陈旧思想和普及科学教育做出了贡献。

迁徙定居于伊犁地区的塔塔尔人在塔什来甫凯修建了一所塔塔尔族大清真寺和两间教室的“经文学堂”，并向当地人传道授业（拜图拉清真寺、回族大清真寺和塔塔尔清真寺并称为伊宁市的三大清真寺）。

1881年，由启蒙人士斯迪克阿吉·戛比托夫出资，从喀山市邀请当时的著名宗教人士、教育学家凯什菲力·艾斯拉里大毛拉（伊宁维吾尔人称他为诺盖大毛拉）来担任塔塔尔大清真寺的主持人。凯什菲力·艾斯拉里大毛拉指导大家学习母语、文学和算数。随着塔塔尔人口的日益增多，“经文学堂”的规模已远远不能满足当地人口的学习需求，夏尔菲丁阿吉·戛比托夫又在拜图拉清真寺南边延伸建造了4间教室和10间宿舍，这所“经文学堂”被称作“凯什菲亚学校”，虽然授课方式依然按旧式教学方法进行，但管理方法却比其他“经文学堂”更为先进，教科书全部从喀山引进。

伊犁塔塔尔人早在1900年就已经接受了新式教育运动的“杰

迪德”教学法。在伊犁地区的各族人民非常支持当时的新式教育运动，并开始从喀山、乌法和奥伦堡等地引进新式教材，聘请教员普及科学教育。

知识链接 “杰迪德”一词为中亚地区各突厥部落的通用词，意为“新式教育”。

塔塔尔乡双语幼儿园

1910年，部分塔塔尔族知识分子和进步人士意识到女性受教育的重要性，他们顺应时代发展的需要，决定开办女子学校。为解决师资问题，他们特地从喀山聘请了著名教育学家哈不都拉·波比、海迪且阿比斯台来伊宁任教。在塔塔尔族民众的资助下，组织者很快筹集了足够的资金建设名为“光明学校”的女子学校，并在原塔什来甫凯塔塔尔大清真寺旁的“经文学堂”处，新建了一所二层教学楼，楼下为商铺、楼上为教室，还设有图书室。

知识链接 在建设“光明学校”的同时建成“光明图书馆”。塔塔尔族知识分子和具有启蒙主义思想的富商们把他们从几千公里以外的伏尔加寻来收藏的图书赠予这所图书馆。就这样，伊宁市第一家对外开放的图书馆诞生了。每本图书上都印有圆形印章，印章上刻有“伊宁穆斯林公用”的字样，中间刻有“光明图书馆”字样。如今，伊宁市藏有的268本喀山印刷的塔塔尔语、阿拉伯语、俄语图书，均印有“光明图书馆”字样。

塔塔尔乡中心学校

这所学校是当时新疆地区唯一一所包含小学和初中年级的女子学校。学校于1914年正式开始授课，开设字母、拼写法、算数、文学、代数、几何、化学、植物学、地理、德育、体育、阿拉伯语、诗歌和宗教等课程。学校对服装有统一要求，女生们身着塔塔尔族特色服装，上身为白色领紫色衬衣、下身为白色长裙，头戴镶有珍珠的花帽。“光明学校”里不仅招收塔塔尔族女学生，还招收维吾尔、哈萨克、乌孜别克、回等民族女学生。

这些学校的运行资金来自清真寺和一些塔塔尔人的资助。学校的资金用于对贫困生和孤儿的经济补助和发放教师工资，其余的用于购买店铺和土地，以维持学校的正常运行。学校所有收入由学生家长组成的管委会和专业会计统一管理。早期著名的教育学家凯什菲力·艾斯拉里大毛拉、哈不都拉·波比、阿里夫·戛比托夫、努尔·穆罕穆德先生、扎克尔·卡迪尔、努尔·卡莱麦托拉海孜来提、阿合出林艾凡迪、麦斯胡特·安拉亚尔、麦穆乃阿比斯台、扎黑尔丁·依尼克耶夫、伊布拉音、阿里夫·吾斯曼诺夫和依迪热斯·阿帕那尤夫等塔塔尔族知识分子都曾在这些学校任教。

1910年，随着塔塔尔族人口的增长，塔什来甫凯周边变得愈发狭窄拥挤。为建设更好的聚居环境，在帕孜力江·尤尼奇、哈山·别克提米尔、扎克尔江·安拉亚尔和尼扎木·发特库林等人的带领下，大家慷慨解囊，筹钱购买了伊宁护城墙西边的一处空地，建造了“诺盖格尔特”（新城）。“诺盖格尔特”自西向东延展的大路与横跨南北的多条小路相交叉，路两旁设有水渠用来灌溉农作物。当时搬到“诺盖格尔特”的塔塔尔人都修建了具有塔塔尔特色的庭院，房屋外表基本相似，用蓝色砖块砌地基，用添加蓝色“森卡”的石灰刷墙，门窗和大门都刷相同颜色的油漆。庭院里还有大片的果园。

知识链接 “诺盖格尔特”的范围：东起自现州友谊医院门前的大路，西截至艾合买提江街，南起自斯大林街，北截至解放路。塔塔尔族百姓除了集中聚居在诺盖格尔特以外，还有部分群众分散居住在伊宁市其他区域。

1925年，塔塔尔人在“诺盖格尔特”的中心城区建造了一座清真寺和“经文学堂”。1927年，这所学校被称为“诺盖格尔特小学”，成为“光明学校”的分校。有木尼热·瓦黑托娃、法提马、发热依哈等女教师任教。

1934年起，新疆各地成立了各民族文化促进会，用以发展文化、教育和艺术事业。在各地区反帝国主义团体的统一领导下，当地的塔塔尔族文化、教育和艺术事业也得以快速发展。1935年，诺盖格尔特小学扩建。此次扩建向西延伸土地面积1 342平方米，共计12间教室、4间办公室和一个大型俱乐部。1936年，正式开始授课。同年，位于塔什来甫凯的“光明学校”也迁移至此，并开始实行小学和初中连续的八年制教育。伊宁修建的塔塔尔学校在引进和使用苏联新式教学方法的基础上，逐渐形成了一套具有中国塔塔尔族特色的教学体系，即小学四年、初中四年教学制。小学阶段学习母语、算数、自然、绘画、诗歌、体育、德育和宗教；中学阶段学习塔塔尔语文学、汉语、代数、历史、地理、化学、物理、体育、政治、生物、绘画、诗歌和宗教等课程。授课所用部分教学材料引自苏联，另一部分则由该校教师编撰。

塔塔尔族学校十分重视思想品德的教育，教师对学生思想教育的要求极为严格。教师队伍基本都是从喀山、奥伦堡、莫斯科、伊斯坦布尔和柏林等地学成归来的知识分子和成绩优异的该校毕业生。

学校成立了各种文艺团体，大力开展与学生相关的文艺创作活动。在塔塔尔族文化促进会的带领下，排练演出一些塔塔尔族话剧和歌剧，包括《巴士玛格木》《阿斯勒亚尔》《消逝的星星》《佣人艾合买提》和《塔依尔·祖合拉》等。每年4月举办“阿卜杜拉·托凯晚会”，但凡遇到节庆或其他一些纪念日也会举办文艺晚会，学生们也会自发组织乐队。

塔塔尔族学校十分重视体育教育，每年除了自行组织种类丰富的体育活动外，还会参加地区组织的大型体育比赛，并取得优异的成绩，在排球、篮球和掷杆等运动项目上一直处于领先地位。伊宁塔塔尔学校里除了塔塔尔族学生外，还有维吾尔族、哈萨克族、乌孜别克族和汉族以及其他各民族学生，很重视民族团结。这里有个很好的实例，那些曾在塔塔尔族学校里就读过的其他民族学生，后来大都为塔塔尔族公共事业发挥了积极作用。

1936年，新疆省政府公开下发一项命令，“班级数量超过6个，学生人数超过10人的学校由教育局统一接管，经费由政府负责”。按此规定，塔塔尔族学校满足条件而被政府接管。当时塔塔尔族学校有7个小学班，5个初中班。伊宁塔塔尔族学校于1940年更名为“伊犁地区第八中学”，共有8个小学班、6个初中班。1944年，更名为“伊犁地区第五中心学校”，共有8个小学班、4个初中班。1947年，开设高中班。

新中国成立后的教育

新中国成立以后，塔塔尔族教育事业同其他各民族教育事业一道蓬勃发展，蒸蒸日上。1950年，伊宁塔塔尔族学校更名为“伊宁市第三中学”。1951年，更名为“伊宁市第五中学”。1952年，更名为“新疆省塔塔尔族女子高中”。1953年，塔塔尔族中学成立。1958年，更名为“伊宁市第六中学”。到1959年，由于部分塔塔尔族居民的先后迁离，塔塔尔族生源急剧下降，塔塔尔

▲

伊犁河大桥

语的教学工作也逐渐失去了必要性。留居于当地的师生们被分配到维吾尔语和哈萨克语学校。最后一任教务主任是拉孜音阿布则义，校长是班乃提塔塔，教师有帕吾孜亚塔塔、古勒法音塔塔、热乌扎塔塔、艾丽菲亚塔塔等。

伊宁塔塔尔学校建于1881年，到1959年停止办学，历时78年，学校不仅服务于塔塔尔族文化，也为伊犁地区各族人民近代

科学教育发展做出了伟大贡献，为我国社会主义建设事业培养出一批专业人才。该校现为伊宁市第六小学，招收了以维吾尔族学生为主的各民族学生，依然是孩子们学习文化知识的摇篮。伊宁塔塔尔族学校教学楼于2008年被伊宁市人民政府列为市级重点文物保护单位。

第七章
民间艺术

塔塔尔族拥有本民族特色的传统音乐、乐器和舞蹈。在历史的发展过程中，塔塔尔族优秀的传统艺术得以传承下来，为研究塔塔尔族文化的发展和变迁提供了史料依据。

塔塔尔人迁入新疆地区后，其音乐、舞蹈和戏剧很快风靡天山南北，并传至全国。今天，新疆各兄弟民族在举行节日庆典与婚礼仪式时，总要情不自禁地唱几段塔塔尔族民歌，表演几段塔塔尔族舞蹈，似乎不这样做就无法尽兴。

音乐

塔塔尔族民歌，在新疆各民族中享有盛名。塔塔尔族是一个热情奔放，充满美好渴望，乐观、坚忍不拔的民族。塔塔尔族民歌，是经过勤劳智慧的塔塔尔人在古老的民间歌谣和各种口头文学作品基础上加以提高、丰富发展而形成的宝贵文化财富。他们在长期的劳动实践中，为表达自己的情感创造出许多脍炙人口的劳动歌曲，其中反映畜牧业生产的牧歌与表现农耕开垦生活的田间歌谣最富有代表性，如《收割之歌》《打草歌》《闪闪发光》《镰刀姑娘》等，通过在劳动中吟唱民歌倾诉丰收的喜悦。

爱好音乐的塔塔尔族

塔塔尔族性格开朗，感情真挚，他们以优美抒情的歌曲颂扬自己的家乡、民族与祖国。在《阿吾勒歌》中这样唱道：

我们美丽的家乡，
坐落在那鲜花丛旁，

能歌善舞的塔塔尔族

周围有森林在生长，
无论我身处何方，
我的村庄永远是我心中的天堂。

他们在歌唱赖以生息繁衍的“阿吾勒”（村庄）时，自豪喜悦之情溢于言表。塔塔尔族世代生活在大自然中，他们对自然界的飞禽走兽、花鸟鱼虫以及家畜家禽投以异乎寻常的热情，如《蝴蝶》《鸽子》《鹅的翅膀》等民歌都表露出他们对生活的热爱。

白天鹅作为大自然中真、善、美的化身，历来为草原民族所喜爱，不仅因为它有高雅的姿态、悦耳的歌喉、温顺的性格，还有令人钦佩的高尚品德。因此，塔塔尔族习惯以白天鹅来自诩，并且创作出民歌《白天鹅拍动翅膀》来抒发自己的情怀：

白天鹅拍动那有力的翅膀，
在高高的蓝天愉快地飞翔。
我们放开嘹亮的歌喉，
在草场尽情欢乐歌唱。

塔塔尔族民歌中不乏对年轻人青春美丽与朋友间纯洁友谊的热情讴歌，如《青春》《英俊的小伙》《思念》《黎明》等；更少不了对老人博学多才、高贵品德的称赞，如《老人歌》等。

塔塔尔族在节庆和婚礼时最喜欢唱《巴拉米斯肯》，它以欢乐跳跃的音乐节奏，诙谐幽默的即兴填词拉开喜庆的帷幕。《巴拉米斯肯》还在其他兄弟民族间传唱，在乌鲁木齐、伊犁、塔城等地特别流行。

知识链接 《老人歌》感叹鲜花般、雄狮般的年华已消逝，“盛夏已被冬雪代替，然而生命还要顽强地继续下去”，其歌词简洁质朴、苍劲古拙，极富艺术感染力。

乐器

塔塔尔族根据自己的审美情趣、习俗爱好，创作出许多独特的民族乐器，这与塔塔尔族丰富多彩的民间音乐一样，都是东西方音乐交流、融汇的产物。

历史上，塔塔尔族盛行各种皮鼓及吹奏乐器，他们用大自然赐予的原料，如草茎、树叶、木杆、兽骨和各种金属管制作吹奏乐器，其代表有至今仍流行于民间的“库拉依”和“库比孜”。

手风琴演奏

库拉依

又称木箫，或木笛，是凿有两个孔的木质竖吹乐器。据考，“库拉依”原用草原禾木料、植物块茎所制，后来改用木质。吹奏时，下唇堵住管口，双唇并拢吹气发音。“库拉依”音色低沉，情调悲伤，常用于吹奏哀怨凄凉的古代传统乐曲。

库比孜

又称口弦，或口簧。“库比孜”与柯尔克孜族的“孜吾孜考姆兹”、哈萨克族的“阿古兹阔布兹”等乐器形制与演奏方法完全一致。

“库比孜”现今以铁、铜等金属制成，其形成钳状，外圈中间连簧片，簧舌尖端上弯突出。演奏时，左手执此乐器置于唇间，右手拨弹，舌尖端以气震颤发音，音域较窄，一般用于民间歌舞与音乐伴奏。

塔塔尔族还有弹拨乐器“曼陀林”、七弦琴、六弦琴、吉他以及“巴拉拉依克”等，键盘乐器有手风琴。

库比孜

巴扬手风琴

曼陀林

舞蹈

塔塔尔族舞蹈具有广泛的群众性，兼收并蓄了各兄弟民族舞蹈的特点，又具有自己的风格，动作灵巧，活泼多变，男子腿部动作多，女子手部和腰部动作多，有独舞、集体舞等。

节庆中的热舞

塔塔尔族舞蹈中，男子以腿部动作居多

灵活多变的塔塔尔族舞蹈

戏剧

从20世纪30年代开始，塔塔尔人在乌鲁木齐、伊犁、塔城等地自发组建了文艺团体，先后将《巴什玛格》《可爱的人》《哈丽亚巴努》《打短工的艾合买提》等塔塔尔话剧搬上了舞台，受

萨班节中的塔塔尔族戏剧表演

到了各族群众的欢迎。

在新疆各民族的戏剧事业中，塔塔尔族的戏剧起了引导作用。塔塔尔人从苏联引进剧本后，经过精心改编，通过舞台戏剧反映社会进步、男女平等的思想内容；以男女爱情为题材，揭露封建社会罪恶，歌颂青年男女忠诚的爱情等。当时封建和宗教势力反对演出和迫害演出者，但最终都未能阻止塔塔尔族戏剧事业的产生与发展。塔塔尔族艺术家们巧妙地通过不同的艺术表现形式和剧中人物形象，辛辣地讽刺、抨击封建势力和顽固分子。很多塔塔尔族青年还参加维吾尔、哈萨克、乌孜别克等民族的话剧团体。值得一提的是，当时受封建和宗教势力影响，严禁男女同场登台演出，塔塔尔族女青年的登台演出，开创了新疆女性演出事业之先河。

第八章
民族经济与医药

塔塔尔族拥有得天独厚的贸易条件，因此特别擅长经商。在新疆各地，东北地区和沿海的天津、上海都有塔塔尔族商人的身影。

塔塔尔族医药是在长期的实践中形成和发展起来的传统医学，是具有鲜明民族特色和地域特点的医学科学。

民族经济

商业

19世纪二三十年代，迁居新疆地区的塔塔尔人，多以经商为主，可以分为大户商人和中小户商人两种类型，其中以中小户商人占多数。当时，塔塔尔人主要居住在塔城、阿勒泰地区，这些地区当时商品交易不发达，人口也很稀少。塔塔尔商人从城市里把一些日常用品如茶叶、盐、布匹等运到牧区去贩卖，并从牧民那里收购一些畜产品带到城里来销售，还有一些人在城镇开商铺。从事这些商业活动的塔塔尔商人资金一般很少。

鸦片战争以后，清朝廷屈服于沙俄的威胁和压力，于1851年8月6日，由伊犁将军奕山与俄国使者签订《中俄伊犁、塔尔巴哈台通商章程》，除了明文规定俄国输入中国的货物不纳关税外，还规定在这两个地区设立领事馆，建立“贸易圈”。俄国商人在这两个地区盖房、放牧、存放货物，中国政府不得加以干涉。从此，俄国加紧了对伊犁、塔城地区的经济侵略。1852年，沙俄在伊犁、塔城设立了俄籍商人“贸易圈”。1881年，又在迪化设立了“贸易圈”。在“贸易圈”中，俄商既不纳税，也不受当地官吏的约束，只接受沙俄领事的直接管辖，“贸易圈”实际上就是

伊犁将军府 ▶

俄国无租界之名的“租界”，是俄国挂着贸易招牌的侵略据点。

“贸易圈”设立后，大批俄国商人蜂拥而至，开设商行。俄罗斯商人在来新疆之时，从巴尔喀什湖以东以南地区招募了许多善于交际，通晓俄语、维吾尔语、哈萨克语的塔塔尔人，为其在新疆的商业经营当翻译、保管员、采购员、会计和出纳。这些塔塔尔人后来成为俄罗斯商人的代理人，被称为“阿克萨卡勒”(商总)。新疆地区，由塔塔尔族开办的洋行只占一小部分，多数是由俄罗斯人开办的。然而，分布在天山南北的俄罗斯商人的代理人，却都是由塔塔尔族担任的。

随着新疆对外贸易的开展，塔塔尔人的商业活动得到了进一步发展。塔塔尔族大户商人热玛赞·恰尼西夫、纳塞尔·布尔纳肖夫、伊斯哈克巴依、伊布拉依巴依、哈日甫巴依等人先后在乌鲁木齐、伊宁等地开办了吉祥涌公司、天兴公司、阿勒泰公司等，并在其他地区设分店，还跨省在汉口、兰州、西安等地设立分支机构。他们主要向俄国出口活畜、皮毛、肠衣、茶业、丝绸等，进口棉布、毛布、铜、铁、糖、服装、玻璃等。这些商人中有的为了垄断原料，增加输出额，还经营相关的加工厂或兼营畜牧业。有的小商人经营活动不断扩大，开始进行国际贸易活动。当时俄国资本家在新疆各地开设了许多商行，一些塔塔尔中小户商人成了他们的附庸。

手工业

塔塔尔族中有些人从事木工、金属加工、皮革加工、刺绣、缝纫等工作。

木工 塔塔尔木匠中技术高超者比比皆是，他们擅长制作各种造型优美、典雅大方的桌椅板凳、床、箱子和大小木柜等。这些以结实的硬质木材加工的家庭实用木器，线条柔美，造型轻巧美观。

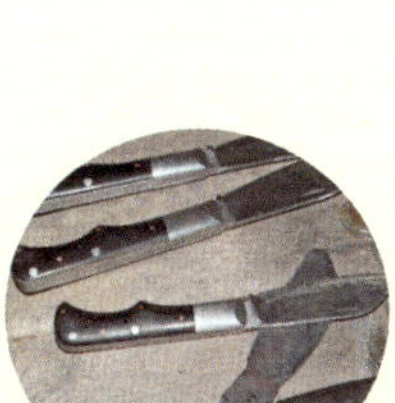

▲

打制刀具

金属加工 制作桶、壶、炉、盘、碗、刀、勺等炊具，是塔塔尔族工匠的拿手好戏。马口铁经敲、砸、弯、拉、铆、焊接工序而制成不同铁质工艺品，是塔塔尔族工匠的聪明、智慧与才干的展现。还有许多善于制作铜器、铝器、玻璃器、陶瓷器与金银器物的能工巧匠，为满足塔塔尔族与其他民族的生活需要，创造

塔塔尔族手工业——金属加工

性地制作出名目繁多的手工制品，其做工精细，技艺精湛，达到了很高的工艺水平。塔塔尔族工匠加工制成的“沙玛维尕”（烧水壶）、“库木干”（洗手、净身壶）、金属托盘等，以工艺精良、造型优美、经久耐用而著称于世。

皮革加工 相比之下，塔塔尔族工匠更擅长于制作各种皮货。自古以来，塔塔尔人就以各种皮革制成各种生活用品，如用绵羊、山羊皮制作皮袄、皮裤、皮帽、皮褥等，用马、牛、驼皮制作羁、皮绳、绊马索、皮鞋及毡房与马鞭用的皮条等。另外，他们还用兽皮制成优质的传统服装，如用狐狸皮、熊皮、豹皮、猞狸皮、水獭皮、狼皮制作华贵的皮大衣。

各种牲畜必备的鞍具与牧民常用的马鞭，更是塔塔尔族工匠的得意之作。过去在交通不便的牧区，人们来往和运输主要靠马匹与畜力车辆，因此他们非常讲究乘骑的打扮与装饰。牲畜所佩饰的面罩、皮笼头、缰绳、肚带、皮垫、披肩、鞍具等均系他们智慧与技艺的结晶。

刺绣 塔塔尔人中有许多擅长制作各种传统装饰品的能工巧匠。心灵手巧的塔塔尔族女性多善刺绣，分为缝纫机刺绣和手工刺绣，刺绣方法有平绣、结绣、片绣、刺绣以及刺、扎 、串 、盘综合绣等。塔塔尔族姑娘还熟练地掌握小花帽、窗帘、床单、枕头套的绣花及做衣服等技艺。

缝纫 塔塔尔族中涌现出了很多缝纫高手，他们在20世纪初至20世纪中期，为新疆各族人民缝制适应潮流的服装。1914年，伊宁县光明学校第一学期的合影留念的照片中，学生们穿着的就是具有塔塔尔族特色的服装：头戴有珍珠的花帽，穿棕色连衣裙和白围裙。这个堪称当时在新疆第一个女子学校的校服，就是由塔塔尔裁缝设计和缝制的。

种植业

塔塔尔族中有不少人从事种植业。在塔塔尔族农民中，有运用较先进的方式来经营农业的，他们耕种的土地多半是租来的，在用具上使用新式的马拉农具，建有小型灌溉设施，对农作物的病虫害采取了一些比较先进的防治措施，所以产量比当地平均产量高一些。

历史上，塔塔尔族人民与经济农作物，特别是与野生或人工培植的林果植物有不解之缘。居住在城市的塔塔尔族居民在庭院内种植果树和花草，环境清幽，像一座小花园。他们利用本地各种果树，采用先进的嫁接方式，培植了各种改良品种。

现代化农机收割

塔塔尔族
小麦种植

元朝时期的伊宁被称为“阿力麻里”，为“苹果城”之意。伊宁苹果的品种相当丰富，有本地栽培的野生改良品种，有从美洲、欧洲、中亚引进的外来品种，还有经杂交育成的优质品种，如陆奥苹果，每个有500多克，不仅色泽好，糖分高，而且还耐储藏，吃起来脆香甜嫩，颇受当地人欢迎。

养殖业

塔塔尔族从事养殖业的人数仅次于从事商业的人数，在各地都有为数不少的养殖户。19世纪二三十年代，迁居新疆地区的塔塔尔人有一些在牧区长期依靠出卖劳动力为生，此后又有一些塔塔尔人迁入，加大了牧工队伍。

在新疆的养殖业发展中，塔塔尔族做出了很大的贡献，引进了良种细毛羊和种牛、种马。在预防疾病等方面，塔塔尔族中也

塔塔尔族
养殖业

涌现出了不少兽医、技术员。奇台县大泉沟塔塔尔族乡的多数塔塔尔人，家族几代都从事养殖业。养蜂业在塔塔尔族的生产经营中也占据重要地位。

民族医药

在牧区，塔塔尔族民间有许多被称为“叶敏奇”的民间医士，实为骨科医生。他们具有独特医术，若有人骨折或脱臼，通过他们按摩复位骨骼后，再用马驹油包扎患处，不久就能恢复健康。

民间医士有许多治疗疾病的绝招儿，如通过导汗疗法治疗风湿性关节炎、伤寒、感冒等疾病。其方法是让病人裹着新鲜羊皮或马皮躺下出汗，或用烤火笼治病，疗效均不错。

20世纪中叶，在北疆各地的塔塔尔赤脚医生为各族人民治病，受到欢迎。现在，塔塔尔中涌现出了大批医务工作者，他们为保障各族人民的身体健康做出了重大贡献。

生活在天山北麓、阿尔泰山、塔尔巴哈台山和伊犁河流域的塔塔尔族医师，在炮制各种名贵药材方面有着得天独厚的有利条件，生长在这里的动植物，因为北冰洋潮湿气流的浸润，以及冰川雪水的滋养，都是非常好的医药原料。

塔尔巴哈台山

雪莲

贝母花

赤芍

阿魏

肉苁蓉

在众多药材中，生长在冰峰雪岭上的雪莲最为著名。凌霜傲雪、圣洁高雅的雪莲种类繁多，除了新疆天山雪莲外，还有水母雪莲、毛头雪莲、绵头雪莲、西藏雪莲等。

被称为“圣人草”“高山玫瑰”的雪莲，是一种通经活血、暖宫散淤、祛风胜湿、强筋助阳之名贵良药，并能治疗风湿性关节炎、月经不调、肺寒咳嗽与麻疹等疾病，受塔塔尔医生的特别青睐，并视其为圣洁的化身。

天山、阿尔泰山等山坡上，还生长着五彩缤纷的贝母花与灿

知识链接 **阿魏蘑菇** 一种生长在阿魏根部的野生真菌，既有食用价值，又有药用价值，外形美观独特，如同伞的华盖，肉质嫩且肥厚，味道鲜美。

若繁星的赤芍。塔塔尔族医师利用贝母治疗肺结核、十二指肠溃疡，还具有止咳化痰、清肺解毒之功效。赤芍也是治疗地方常见病的草药。塔塔尔人中享有“地下贝母宝，坡上赤芍草”的民谚。

在草药中，塔塔尔族医师深知阿魏的药用价值。早在唐代《新修本草》中就有“阿魏出昆仑”的记载。塔塔尔人居住之地生长的阿魏高50厘米~100厘米，全株披白色绒毛，根茎肥大，呈圆柱体或纺锤体，主枝分杈，上开黄色小花。此药材含挥发油、树脂、树胶、阿魏酸、法尼弗醇等，有着理气消肿、活血消疲、祛痰和兴奋神经之神奇功效。

另外在荒漠的梭梭与红柳根上生长着一种叫大蓉或称肉苁蓉的寄生植物，也备受塔塔尔族医师的重视。它内含许多药用物质，主治“五劳七伤，养五脏，强阳，益精气”。戈壁大漠中还生长着甘草、大黄、锁阳、麻黄等常用草药。丘陵草原上则有蒲公英、洋金花、车前子、款东花、元胡、薄荷、艾蒿等药用植物。

塔塔尔族医师多是利用这些草药为人们治病，他们不仅会用百草入药，还善于掌握动物药用效能。俗话说：“鹿吃山中百药草，全身都是药中宝。”新疆特产——马鹿浑身上下都是药宝，如鹿肉、鹿皮、鹿筋、鹿尾、鹿鞭、鹿血等都是营养价值很高的滋补品。鹿茸与鹿角更是名贵药材，塔塔尔族医师用鹿茸等制成药剂给病人服用，用来益血填精，强身健脑，防止各种身体虚弱症。

第九章
节庆与游艺

塔塔尔族与其他伊斯兰教的民族一样，每年都要庆祝“肉孜节”“古尔邦节”，此外他们还十分重视“圣纪节”“萨班节”。

塔塔尔族擅长以各种有趣的竞技性体育活动来调剂和丰富自己的生活，尤以赛跳跑、咬匙跑最具民族特色，因而深受广大群众所喜爱。

节庆

塔塔尔族一年四季中的许多节日都与伊斯兰教有关，节日庆典时间的确定也用伊斯兰教历法来规范。伊斯兰教历法，在我国俗称“回回历”。《中国节庆及其起源》记载：

它（回回历）在中国元、明、清三朝官办的钦天监里，曾经与官方的历法长期并存达500年之久。伊斯兰教有太阴历和太阳历两种，在宗教上都是应用太阴历。

节日里的塔塔尔族

笃信伊斯兰教的塔塔尔族在宗教上通用太阴历。它不依太阳的位置和寒暑节气，只依据月亮的圆缺盈虚来进行历法推算。据载，此种历法为伊斯兰教创传人穆罕默德于公元622年创制，故确定此年7月16日为伊斯兰教历纪元元年元旦，并依此推算出其他季节和节日。

伊斯兰教的计年法为，以月亮圆缺一次为一个月，12个月为一年，一年分为12个太阴月，无闰月。规定单月大为30天，双月小为29天，仅12月有大小月的变化。全年共354天，由此可推算出现于一年中任何一个季节，故传统的伊斯兰教传统节日日期一直跟着变换。

宗教节日

塔塔尔族与其他信仰伊斯兰教的民族一样，每年都要庆祝开斋节、宰牲节和圣纪节。掌握宗教历法的人员（伊斯兰教宗教人士），如清真寺阿訇等，通过观察新月的出现认定每月的首日，并会特别注意观察“拉马赞月”（斋月）的首日以定封斋的开始和庆祝开斋节的具体时间。根据伊斯兰教规定，开斋节在伊斯兰教教历十月一日，宰牲节在伊斯兰教教历十二月十日，而圣纪节则为伊斯兰教教历的三月十二日。

开斋节 又称为“肉孜节”，塔塔尔语为“肉孜艾提”，是波斯语的音译借词。按伊斯兰教规定，每年伊斯兰教教历九月是斋戒的月份，称为“斋月”。斋月的最后一天要寻看新月，次日即举行开斋仪式。开斋日的清晨，要沐浴净身，然后着干净的衣服聚集在清真寺或郊外进行会礼，诵经祈祷，以表示赎罪，随后则分头前往亲朋好友家中庆祝节日。

宰牲节 又称“古尔邦节”，塔塔尔语称为“古尔邦艾提”，是阿拉伯语的音译借词。阿拉伯语“古尔邦”一词，为“献牲”之意。宰牲节，在伊斯兰教教历十二月十日，即开斋节之后的第70天。

宰牲节清晨，要进行沐浴，着盛装后聚于清真寺参加会礼。会礼毕，要举行宰牲仪式，凡家境好一点的穆斯林都要宰一只羊或牛、骆驼。所宰牲畜（羊满1岁、牛满2岁、骆驼满5岁以上，不满其规定的牲畜不能作为宰牲献祭的牲畜）是经过精心挑选的，牲畜必须头角端正，身体健壮，没有任何生理缺陷。宰牲时

欢聚一堂

主人必须在场，经阿訇念完“清真言”以后才能宰杀。

按照规定，所宰牲畜肉要分为3份，一份留给自己家里的人，一份送给亲友邻居，一份济贫施舍。所宰牲畜的血、粪便以及食后的骨头等残渣余物，必须深埋，不得随便乱丢。

宰牲典礼结束后，最好先去扫墓，诵经祈祷，以深表缅怀祖先功德之意。回来后则开始进行访亲问友等社交活动，拜访的重点应是直属亲戚、亲家、患病的人、近期有人去世的家庭和老人及自己的老师等。主人要按照传统礼节，备好羊牛肉与精制的糕点、菜肴、瓜果等接待宾客。

圣纪节 同开斋节、宰牲节一样，圣纪节被塔塔尔族与其他穆斯林民族并称为伊斯兰教的三大节日。因为伊斯兰教创传人穆罕默德诞辰和逝世都在伊斯兰教历三月十二日，因此在纪念日这一天举行圣纪节，故又称这一节日为“圣忌”或“圣忌节”。

每逢圣纪节，穆斯林都要举行集会，诵经、赞圣，聚餐和讲述穆罕默德使者生平逸事等纪念活动。有些地方还要举行长达一个月的圣会，将穆罕默德的诞生日与逝世日合并在一起纪念。

节日里聚餐

民间节日

诺劳孜节 这个称谓来自波斯语，意为春雨日，新年或新春，也可以理解为新年的第一天。在宗教尚未形成，人类还普遍处于自然崇拜的时期，中亚地区生活着从事畜牧业的游牧或半游牧的东伊朗部族，根据草原畜牧的特性，他们将一年分为春秋两季，而波斯古太阳历每年三月二十一日，即公历3月22日前后，白天和黑夜一样长，所以，把这一天定为春季的开始。他们认为春季是新生活的开始，在每次春季迁徙之前，便要隆重庆祝“新春节”，而后便开始了一年逐水草而流动的游牧生活。因此，诺劳孜节“仅仅是季节更换节，并不带任何宗教色彩”。诺劳孜节，是波斯语和突厥语各民族信仰伊斯兰教以前就有的传统节日。

载歌载舞的塔塔尔族

诺劳孜节前，人们为了送旧迎春，家家户户将房屋里里外外打扫干净，清除一冬所积的污物，准备各种节日食品。为了送旧迎春，希望牲畜肥壮和获得丰收，诺劳孜节这天，家家都做“诺劳孜饭”，或全村人聚集到一起，用大锅做“诺劳孜饭”，即用小麦、小米、大米、玉米、豆、面、盐、酸奶疙瘩等熬煮成粥糊。每人都要吃一碗，吃罢“诺劳孜饭”，开展娱乐活动，比如摔跤、猜谜语、唱歌、跳舞等。这一天人们还成群结队地从一个村到另一个村，走家串户吃“诺劳孜饭”，祝贺新春。塔塔尔族同聚居在一起的维吾尔、哈萨克、乌孜别克等民族一起庆祝诺劳孜节。

萨班节 每个民族都有自己独特的传统节日，塔塔尔同样有自己的节日——“萨班节”。凡有塔塔尔族聚居的地方，每年的6月22—25日举行此传统民族节日。

萨班节已有1 000年以上的历史，每年的6月22日是白天最

▲ 塔城地区萨班节

长、黑夜最短的一天，同时正是夏至节气前后，处于春耕和接羔结束时期，正值牲畜长膘、庄稼成熟时节。夏收农忙即将开始，此时举行庆祝活动，包含着欢庆丰收之意义。塔塔尔语“萨班”一词，意为“犁铧”。

知识链接 在人类社会历史发展过程中，生产工具起了十分重要的作用。相传很久以前，塔塔尔族先民由畜牧业逐步转变为种植业之后，铧犁成为主要生产工具。“萨班”作为当时一种先进的生产工具，使塔塔尔的社会生产力得到了发展，从而促进了人民生活水平的提高。因此，塔塔尔人为纪念“萨班”，在每年的农忙时间都要选择一处风景优美的地方举行盛会，以示纪念。

欢度萨班节 ▶

萨班节，反映了塔塔尔人民重视生产力发展的思想，同时再一次证明了劳动创造美。

节日前，年轻人骑马到各处大声宣告举行萨班节的地点和时间，称之为“大声宣布仪式”。同时收集居民为集体活动捐献的牲畜、食品和姑娘们精心绣制的面巾，并将面巾作为竞赛中获胜者的奖品。

节日当天，塔塔尔族男女老少穿上鲜艳的民族服装，带上丰盛的食品、饮料，聚集在风景优美的郊外举行庆祝萨班节活动。在举行文体娱乐活动前，先用大锅熬煮“百家粥”分给参加聚会的儿童。“百家粥”，是用“大声宣布仪式”中各家捐献的小麦、小米等谷物和肉熬制而成，让儿童吃“百家粥”，是希望儿童身体健壮，长命百岁。

知识链接 塔塔尔语称“百家粥”为“喀尔戛布特卡”，直译为“乌鸦粥”。乌鸦，是以谷物、果实等为食物的不择食的群居鸟类，适应性较强，并且寿命较长。

吃完“百家粥”后，开始举行文艺演出和娱乐活动，多为赛马、摔跤、拔河、爬杆、赛跑等。在竞赛中获胜者可以得到姑娘们精心绣制的面巾以及牲畜等奖品，并当众宣布是谁获得了哪家姑娘捐献的礼品和牲畜。

无论是诺劳孜节，还是萨班节，都是塔塔尔族增进友

萨班节“打枕头”比赛

▲ 拔河比赛

▲ 摔跤

谊，互相交流思想情感，同各民族共同欢聚的好机会。现在，聚居在乌鲁木齐、伊宁、塔城、奇台县大泉塔塔尔民族乡等地的塔塔尔族每年都同各民族兄弟共同欢聚庆祝萨班节已成惯例。

游艺

塔塔尔族的先民长期过着狩猎与游牧的生活，从而养成了在马背上比试功夫高低的习俗。各种各样的马上技艺与活动充分体现了塔塔尔族勤劳、勇敢、顽强与智慧，塔塔尔族还擅长饲养与驯化优质良马。

赛马

塔塔尔族同哈萨克、柯尔克孜等兄弟民族一样，在节日、婚礼等节庆日子里举行赛马活动。赛马分赛走马与赛奔马两种形式：赛走马是比马的速度、耐力、骑术，要求马走得快捷、稳健、姿势优美，保持走起来四蹄不能同时离地姿势，以先抵达终点者取胜。赛奔马只比速度，在一定的路程内，哪匹马先到终点就算胜出。

马上的游戏项目还有马上拾银、马上射箭等。除此之外，还有摔跤、拔河、棋艺、猜谜等活动，这些活动显示着参与者的智慧、勇气和高超技艺。

赛跳跑

参赛者两条腿穿进麻袋中，同时两手提起麻袋跑向终点，最先到达者为胜者。

赛跳跑

咬匙跑

参赛者口中衔一汤勺，勺内放一枚鸡蛋，并迅速跑向终点，最先到达终点且鸡蛋不落地者为胜者。

咬匙跑

提水跑

参赛者手提两桶水，或用手端两碗水赛跑，奔跑途中以洒水少且最先到达终点者为胜。

绑腿跑

此项竞赛为团队合作项目，同组参赛人员须面朝同一方向，并将同组人员的左右腿牢牢捆扎在一起。比赛开始后同时向终点奔跑，最先到达终点一方为获胜方。此项活动要求参赛者有良好的配合能力与协调能力。参赛者若稍有不慎，或缺少默契就会摔倒在地。

绑腿跑

爬杆比赛

此项目为塔塔尔族喜闻乐见的游艺项目。爬杆比赛有场地要求，赛前要在比赛场上竖几根原木，并在其表面涂以肥皂，原木顶端放有鲜花，或纸扎彩花。比赛时，随着裁判一声令下，参赛者争先恐后地顺着光滑的原木攀缘而上，最先爬到顶端并摘走鲜花或纸花的一方为获胜方。

骑木马对打

比赛前，参赛者将面对面骑在横架木柱的“木马”上，每人手中拿有填满一半麦秆的麻袋。比赛开始后，“骑士”们将用手中的麻袋对打，最先把对手打下“木马”者为获胜方。一般为5局胜负制。

20世纪20年代以后，足球、篮球和田径运动在塔塔尔族聚居地区开始盛行。20世纪30年代，这些运动项目在新疆各地城镇的新式学校中得到普及。

人民解放军进军新疆，开创了新疆各族人民解放的新的历史时期。
王恩茂

第十章 当家做主

新疆的和平解放，标志着塔塔尔族同其他各民族兄弟一道，成为建设社会主义大家庭的一员。自此，以主人翁的姿态，建设着美丽富饶的家乡。改革开放以来，塔塔尔族同各族人民一道，为新疆的发展做出了积极的贡献。

新疆和平解放

1949年4月21日，《向全国进军的命令》的发布，新疆各族人民迎来了和平解放的曙光，而当时国民党新疆军政当局形成了主和派与主战派两种势力，即以陶峙岳、包尔汉等为代表的进步派，希望新疆和平解放；以马呈祥、麦斯武德为首的顽固派，坚持顽抗到底。

中国共产党根据和平解放新疆的方针，开展统一战线工作。1949年7月，张治中发电劝导陶峙岳、包尔汉和刘孟纯等人，传达中共中央意见："努力维持新疆政局的稳定，根据形势发展共商对策，准备走和平起义的道路。"

中国人民解放军进军新疆纪念碑

1949年9月25日，新疆国民党军队在陶峙岳率领下发布起义通电，宣布："自即日起，与广州政府断绝关系，竭诚接受毛主席之八项和平声明与国内和平协定，全军驻守原防，维持地方秩序，听候人民革命军事委员会及人民解放军总部之命令。"同年9月26日，新疆省政府在包尔汉率领下发布起义通电，宣布"和广州反动政府断绝关系"，接受中国共产党和毛泽东主席的领导。同年9月28日，毛泽东、朱德复电陶峙岳、包尔汉及新疆军政起义人员，表示嘉许，望他们"团结军政人员，维持民族团结和地方秩序，并和现在准备出关的人民解放军合作，废除旧制度，实行新制度，为建设新新疆而奋斗”。1949年12月17日，新疆军区和新疆省人民政府宣告成立。

新疆和平解放的历史进程中，塔塔尔族无论是在政治上、经济上，还是在文化教育以及其他领域，都有着举足轻重的地位。20世纪五六十年代，新疆各级党政军部门，特别是比较重要的行政部门，都配备有塔塔尔族干部。在全国人民代表大会、各级人民代表大会和国家机关中，都有塔塔尔族的代表。1954年，全国第一届人民代表大会，新疆代表共有54名，其中塔塔尔族代表20名。

知识链接 据统计，“文化大革命”前，新疆厅局级领导干部中塔塔尔族干部有17名，省级、军级领导干部2名。在各级政府机关、厂矿企业工作的塔塔尔族干部已有200多人，他们充分行使着当家做主的权利。

随着社会的改革，塔塔尔族贫苦农、牧民和手工业者摆脱了封建剥削和压迫。在多民族聚居的新疆，塔塔尔族人民在政治上享受到平等的权利。

大泉塔塔尔族乡

1955年10月1日，新疆维吾尔自治区成立，根据党中央制定的民族问题方针和政策，新疆形成了平等、团结、互助为特征的社会主义的新型民族关系。改革开放以来，新疆各族人民在党和政府的领导下，取得了伟大的成就。塔塔尔族也同其他民族一起为新疆的发展做出了积极贡献。

1989年7月，奇台县大泉塔塔尔族乡正式成立，这是全国唯一的一个塔塔尔族民族乡。大泉塔塔尔族乡位于新疆维吾尔自治区东北部奇台县境内，介于奇台县与吉木萨尔县之间。

大泉塔塔尔族乡卫生院

▲ 中共奇台县大泉塔塔尔族乡政府

乡政府所在地，是农牧民的主要居住区，也是该乡政治、经济、文化中心。

大泉塔塔尔族乡由塔塔尔、哈萨克、汉、维吾尔、回、蒙古等8个民族组成，据统计，全乡总人口4 157人，少数民族占73%。全乡有塔塔尔族1 450人，占总人口的34.9%。全乡总面积1 400平方公里，其中草场面积162.4万亩，分为南山山区和大泉湖平原区两个区域，南山山区夏牧场草场158.5万亩，平原区面积7万亩。全乡现辖7个自然村，其中牧业村4个，农业村3个。主要农作物有小麦、玉米、甜菜、油

大泉塔塔尔族乡村民定居安置点 ▶

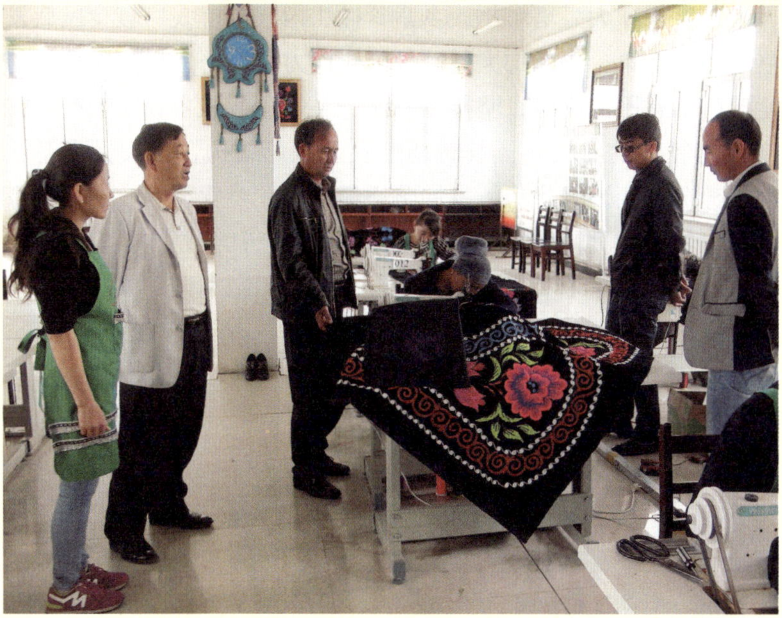

塔塔尔族乡民族企业生产车间

料、大麦、打瓜、无壳葫芦、亚麻及饲草、苜蓿等。大泉塔塔尔族乡南靠天山，北临沙漠，东西开阔，具有典型的大陆性干旱气候特征，冬季寒冷，夏季炎热，四季分明，降水少，蒸发大，绝对无霜期为3个月，种植业生产属一年一熟地区。

多年来，大泉塔塔尔族乡在各级政府的支持与帮扶下，在水利、人畜饮水、品种改良、牧民定居、中低产田改造、中小学、卫生所、广播电视、乡村道路等基础设施建设方面有了较大的改善。

知识链接 **塔塔尔族乡发展建设**

道路工程建设：修建沙石路55公里，公路8公里，完成黑沟村沙石路建设工程，改善了乡村交通条件。

水利设施建设：修建防渗渠2.2公里，桥涵2座，完成黑沟村460亩旱地喷灌工程，修建防渗渠14公里，完成黑沟村8公里的人畜饮水工程。

社会公益设施建设：组织实施4.6公里的农网改造工程，全乡大部分村完成电网改造，建成塔塔尔族乡中心校、乡计划生育办公室、农村服务站办公室、职工活动室、篮球场及文化中心，安装程控电话。

草场围栏保护工程：完成南山草场180公里的围栏保护工程，完成南山及北沙窝2万亩草场的围栏工程，完成大泉湖中秋草场30公里的围栏建设。

近年来，大泉塔塔尔族乡紧紧抓住国家扶持人口较少民族发展的优惠政策，不断加大基础设施建设力度，努力提高农牧民的生产生活水平。同时，坚持“农业稳乡、牧业强乡、二三产业富乡”的经济发展战略，及时调整农业产业结构，做大做强畜牧业，充分利用地缘优势，发展路边经济。在乡党委、政府及全乡各族农牧民的共同努力下，全乡经济发展，社会稳定，农牧民安居乐业，各项事业蒸蒸日上，呈现出一片团结和谐、共建美好家园的景象。

塔塔尔族乡萨班节

参考文献

1. 阿拉伯世界. 上海：上海外国语出版社，1981

2. 蒙古族简史编写组. 蒙古族简史. 呼和浩特：内蒙古人民出版社，1985

3. B.N.巴斯卡考夫. 突厥语（维吾尔文版）. 北京：民族出版社，1986

4. 陈永龄. 民族词典. 上海：上海辞书出版社，1987

5. 塔城地区史志通讯（哈萨克语），1987（1）

6. 蒙古族通史编写组. 蒙古族通史. 北京：民族出版社，1991

7. 叶新民等. 简明古代蒙古史. 呼和浩特：内蒙古大学出版社，1993

8. 塔城地区志编纂委员会. 塔城地区志(哈萨克文). 乌鲁木齐：新疆人民出版社，2003

9. 马力克·恰尼西夫. 塔塔尔族教育史. 北京：民族出版社，2005

10.《塔塔尔族简史》编写组. 塔塔尔族简史. 北京：民族出版社，2008

11. 伊犁哈萨克自治州政协文史资料委员会. 伊犁文史资料（维吾尔文）. 2008（20）

12. 新疆维吾尔自治区对外文化交流协会. 塔塔尔族民俗文化. 乌鲁木齐：新疆美术摄影出版社，新疆电子音像出版社，2008

13. 马力克·恰尼西夫. 中国塔塔尔族教育史（维吾尔文）. 乌鲁木齐：新疆人民出版社，2009

14. 伊犁哈萨克自治州政协文史资料委员会. 伊犁文史资料（维吾尔文），2010（24）

15. 牙里坤·肉孜. 古堡之谜（维吾尔文）. 乌鲁木齐：新疆科学技术出版社，2012

16. 热合甫·阿巴斯，周建华. 中国塔塔尔族. 银川：宁夏人民出版社，2012

17. 新疆维吾尔自治区统计局. 新疆统计年检. 北京：中国统计出版社，2013

18. 热合木吐拉·艾山. 近代俄国鞑靼人在新疆的教育活动及其影响. 新疆大学学报（维吾尔文），2013（4）

图片提供者

（按姓氏音序排列）

艾海提·亚森（摄影）
第 68 页
第 71 页（上）

波拉提·主马拜依
第 21 页
第 94 页
第 99 页
第 100 页
第 101 页
第 139 页
第 140 页
第 141 页

南丁
第 10 页（下）
第 11 页
第 13 页
第 16 页
第 17 页
第 18 页
第 78 页
第 84 页
第 82 页
第 95 页（下）
第 122 页
第 138 页

法提合·夏日夫
第 34 页（上）
第 93 页
第 95 页（上）
第 96 页

哈妮帕·哈比布拉
第 20 页
第 27 页
第 28 页
第 31 页
第 32 页
第 33 页
第 34 页（下）
第 35 页
第 38 页
第 39 页
第 45 页
第 59 页（下）
第 64 页（下）
第 74 页
第 108 页
第 109 页
第 110 页
第 112 页
第 113 页
第 121 页
第 127 页
第 128 页
第 129 页
第 130 页
第 131 页
第 134 页
第 142 页

海非孜·萨塔尔
第 12 页
第 83 页

楼望皓（摄影）
第 36 页

马力克·恰尼西夫
第 54 页（中）

毛拉西夫·执夏提·沙里克
第 54 页（实物）
第 56 页
第 58 页（下二）
第 59 页（上三）

娜迪拉·阿扎提（摄影）
第 38 页（上）

热发提·库尔马尤夫（摄影）
第 10 页（上）
第 37 页
第 48 页
第 49 页
第 50 页
第 51 页
第 52 页（上）
第 53 页（左）
第 54 页（上）
第 54 页（下）
第 55 页
第 57 页
第 58 页（上三）
第 60 页
第 61 页
第 62 页（上）
第 65 页
第 67 页
第 69 页
第 71 页（下）
第 72 页
第 73 页
第 80 页
第 81 页
第 97 页
第 98 页
第 111 页
第 116 页
第 117 页
第 118 页
第 120 页（下）
第 126 页

学合来提·阿海都拉·赛福令（摄影）
第 52 页（下）
第 53 页（右）
第 104 页
第 119 页
第 120 页（上）
第 132 页
第 133 页

再屯娜·卡里穆瓦
第 62 页（下）
第 63 页
第 64 页（上）

后记

在我国及世界范围内有关塔塔尔族研究的起步较早。我国唐、宋、元、明等朝代以及欧洲史籍都有大量的有关塔塔尔族的记载，近代西方突厥语民族研究中也有不少关于塔塔尔族的研究与记录。

新中国成立后，特别是在党的十一届三中全会以来，我国有关塔塔尔族历史、文化方面的研究进入了一个新阶段。

自1950年起，学术界先后出版了《塔塔尔族简史》《塔塔尔语简志》《中国塔塔尔族》《塔塔尔族》《塔塔尔族风俗习惯》等书籍，并在全国范围的汉语、维吾尔语和哈萨克语等各种主要期刊上发表了不少有关塔塔尔族语言、历史、文化与风俗习惯等方面的科研成果。

作者在写作本书的过程中，以民族学研究者特有的视角和严谨的学术态度，首先在乌鲁木齐、阿勒泰、伊犁、塔城和奇台县塔塔尔族乡等塔塔尔人比较集中定居的地域进行广泛的调研，并在参考以上书籍和资料的基础上最终完成了《走近中国少数民族丛书·塔塔尔族》一书的写作。

在写作过程中，有很多专家学者提供了无私的帮助和支持，如海菲孜·萨塔尔、马力克·恰尼西夫等提供了有关塔塔尔族在新疆新式教育中的第一手资料，伊里旦·伊斯哈科夫提供了塔塔尔族文化与风俗习惯的第一手资料，新疆维吾尔自治区塔塔尔文化研究会副会长兼秘书长毛拉西夫·热夏提·沙里克、塔城地区塔塔尔族文化协会秘书长哈妮帕·哈比布拉、伊犁哈萨克自治州塔塔尔族文化研究会副会长学合来提·阿海都拉·赛福令等提供了有关图片资料，新疆财经大学教授祖拉提·力提甫和新疆医科大学第二附属医院教授木拉提·马合木提参与了审阅。在此，向他们表示衷心的感谢。

当然，由于受到知识和能力的局限，呈现给大家的这本《走近中国少数民族丛书·塔塔尔族》仍然存在很多不足之处，恳请各界批评指正。

卡米力·库尔马尤夫

2014年12月